OBRIGAÇÃO DE NÃO-CONCORRÊNCIA: diretrizes para aplicação no âmbito civil e antitruste

CB123149

Geisy Fiedra

OBRIGAÇÃO DE NÃO-CONCORRÊNCIA: diretrizes para aplicação no âmbito civil e antitruste

1.ª edição

Editora Singular

São Paulo – 2007

Dados Internacionais de Catalogação na Publicação (CIP)
(Câmara Brasileira do Livro, SP, Brasil)

Fiedra, Geisy
Obrigação de não-concorrência: diretrizes para aplicação no âmbito civil e antitruste / Geisy Fiedra. – São Paulo : Editora Singular, 2007.

179 p.
ISBN: 978.85.86626.26-5

CDU: 347.733(81) CDD: 342.233

Índices para catálogo sistemático: 1. Direito empresarial, Brasil. 2. Concorrência, Brasil. 3. Truste, Brasil. I. Bahia, Saulo Casali. II. Universidade Federal da Bahia. Faculdade de Direito. III. Título.

© Geisy Fiedra
geisy@fiedra.com.br
© desta edição: Editora Singular

Editora Singular
Rua José Nobrega Barbosa nº 100
CEP 02336-090 – São Paulo – SP
Tel/Fax: (11) 3862-1242
www.editorasingular.com.br
singular@editorasingular.com.br

Aos meus pais, Pinheiro e Iracema, eternos amores, que estão sempre presentes em todos os passos da minha vida, ainda que meu pai não esteja mais fisicamente ao nosso lado.

AGRADECIMENTOS

Ao meu namorado João Gualberto por ter-me proporcionado a vivência profissional propulsora desta pesquisa e o incentivo de sempre.

Às minhas irmãs Geusa Fabrine, pelo apoio incondicional e Gertha Merícia, pelo estímulo constante.

Aos Professores João Grandino e Saulo Casali, pelos ensinamentos que nortearam este trabalho.

Às amigas Lízea Magnavita e Verbena Maciel, pelos preciosos comentários.

Às minhas colegas de trabalho, Ana Paula Mansur, Marta Vieira, Mariana Oliveira e Daniela Lavandoski, que supriram a minha ausência no escritório e, especialmente, a Ana e Mariana, pelas oportunas idéias.

Aos meus colegas de mestrado Álvaro Simões, Ana Cristina Meireles, Claúdio Brandão, Leonardo Santos e Maria da Graça Varela pela "solidariedade acadêmica", expressão batizada por Claúdio.

PREFÁCIO

O tema do presente trabalho, por ser intrincado, exigiu de sua autora análise pormenorizada de questões atinentes ao direito privado, especialmente as relacionadas à teoria geral. Tal necessidade esconde, todavia, armadilha capaz de dificultar o percurso do estudioso menos experimentado. Tanto isso é verdade, que não poucos trabalhos de cunho acadêmico acabam enveredando por uma das duas trilhas errôneas abaixo explicitadas.

Em primeiro lugar, o pesquisador se atém em demasia aos assuntos prévios, encadeando uma série de conceitos que, embora pertinentes entre si, não guardam relação direta com o tema da pesquisa. Em segundo, o pesquisador afasta-se do assunto central de suas preocupações, pela excessiva minúcia com que trata assuntos escolhidos, tornando fastidiosa a atividade do leitor e distanciando o seu trabalho do respectivo foco central.

Geisy Fiedra, antes de abordar o assunto principal, que dá título a sua obra, certamente deparou-se com a necessidade acima apontada. Era grande o risco de incorrer em um dos enganos comuns, mormente por estar iniciando nas atividades de pesquisa. Certamente disso se aperceberam a autora e seu orientador. Assim, o trabalho ora publicado está bem temperado e expõe os temas necessários sem exageros quer de amplitude quer de profundidade. Está nele presente o necessário para traçar o respectivo arcabouço teórico de sustentação, vencendo a tentação de se aventurar por temas outros – relevantes e apaixonantes, por certo –, mas alheios ao objeto de pesquisa. Por tal razão, o trabalho sustenta a si próprio e a seu conteúdo com proporção e estrutura.

O resultado, difícil de ser alcançado, é corolário dos esforços da pesquisa, merecendo por isso os melhores aplausos e a atenção do leitor interessado.

O primeiro capítulo, relacionado ao estudo do estabelecimento empresarial, mais do que revelar a síntese da doutrina nacional coligida pela autora, demonstra sua capacidade pessoal de elaborar sistematização eficiente com relação a um tema aparentemente pacífico e, mesmo, desnecessário de ser abordado. Não pense o leitor tratar-se de organização que leva em consideração apenas a nova estrutura legislativa considerada pelo

Código Civil de 2002, como se esse diploma fizesse tábula rasa da unificação do direito privado. Tanto assim que a autora descortina a hipótese do ponto virtual e discute com firmeza e segurança a regulamentação jurídica possível para a sua conformação fática, aliando, portanto, a desejável característica do trabalho científico útil e voltado para a realidade.

No segundo capítulo, partindo de uma prática divisão dos negócios jurídicos, realizáveis tendo por objeto o estabelecimento empresarial, a autora discute o trespasse e a doação (classificados como negócios de alienação *inter vivos*), o arrendamento, o usufruto, o comodato e o penhor do estabelecimento empresarial (classificados como negócios de gestão para fins de desfrute) e os negócios de alienação *causa mortis*. Nesse passo da pesquisa, a autora brinda o leitor com interessante sistematização dos negócios jurídicos, fazendo-o de forma direta, sem entrar na discussão teórica – extremamente relevante e pertinente, mas não nos limites deste livro – a respeito da natureza dos negócios jurídicos. Contudo, o leitor experiente saberá entrever em cada linha o rigor teórico que a autora, por conhecê-lo, observa em suas reflexões e que repercute em sua escrita.[1]

No terceiro capítulo, partindo já para a análise concorrencial, a autora analisa detidamente a obrigação de não-concorrência, classificando-a como verdadeira obrigação de não fazer. Parte, assim, da teoria geral do direito das obrigações, destrinchando a estrutura da obrigação de não fazer, observando cuidadosamente os seus limites no âmbito concorrencial, aliando em grande medida a teoria e a prática para fixá-los quanto ao âmbito espacial, temporal e substancial. Antes, porém, contextualiza a incidência de tal dever de abstenção à luz da Constituição Federal, das normas infraconstitucionais, da jurisprudência e do direito estrangeiro. Ainda nesse capítulo, a autora percebe e dá notícia da íntima relação existente entre a obrigação de não-concorrência e a concorrência desleal, na medida em que ambos os institutos jurídicos visam tutelar a clientela do empresário. Assim, afastando-se do argumento fácil de que muitas vezes se lança mão em trabalhos científicos – "o tema escapa aos limites do presente trabalho" –, a autora o enfrenta e o remove, tornando clara a

[1] Veja-se, por exemplo, a clássica obra de AZEVEDO, Antonio Junqueira de. *Negócio jurídico: existência, validade e eficácia.* 3. ed. São Paulo: Saraiva, 2000.

distinção havida entre ambos, com tal atitude demonstrando seu preparo como pesquisadora.

A autora inicia o quarto e último capítulo traçando a evolução histórica do direito antitruste no Brasil, além de fazer a exegese dos principais aspectos da Lei 8.885/1994, privilegiando o papel do Conselho Administrativo de Defesa Econômica – CADE. Discute a seguir a teoria e a aplicação da regra da razão no direito pátrio, entrando no dilema do controle prévio ou *a posteriori* dos atos de concentração. Fecha o capítulo comentando a questão da concentração no anteprojeto de lei, que viria a se tornar o Projeto de Lei 5.877/2005, o estado atual da jurisprudência da obrigação de não-concorrência no Sistema Brasileiro de Defesa Concorrencial – SBDC, não se esquecendo das implicações do art. 1.147 do Código Civil em vigor – a obrigação de não-concorrência *ex lege* – e da obrigação de não-concorrência prejudicial ao interesse coletivo.

Muito embora uma dissertação de mestrado não tenha, a rigor, de apresentar conclusões próprias, a autora remata sua obra com substanciais ilações. Nessas, superando o mero resumo dos capítulos precedentes, apresenta silogisticamente suas conclusões, chegando mesmo a esboçar recomendações.

No que respeita às conclusões, merecem ser lembrados, *ex litteris*, os lapidares parágrafos que se seguem.

> "Da análise da ordem constitucional, verifica-se que a obrigação em tela (obrigação de não-concorrência) é plenamente válida e eficaz desde que observados os limites temporal, substancial e geográfico. Na medida em que não infringe os princípios da livre-iniciativa e da livre concorrência mas, ao contrário os garante."

> "Nesta pesquisa, restou demonstrada a incidência da obrigação de não-concorrência toda vez que ocorrer a transferência do estabelecimento empresarial, tanto a que envolva apenas o uso e o gozo a outrem, como a que tenha por destinação a transferência de titularidade da esfera patrimonial de um sujeito para a de outro."

> "Assim, a regra da não-concorrência não se limita às hipóteses previstas no art. 1.147 (alienação, arrendamento e usufruto), mas existirá sempre que o estabelecimento for objeto de negócio jurídico que resulte na alteração do seu comando e administração, incluin-

do, ainda, os negócios de cessão do controle de quotas ou ações se o cedente exercia, efetivamente, as funções de empresário, na empresa cujo controle cedeu."

Entre as recomendações feitas pela autora, sobreleva a última, em que propugna a "revisão legislativa do parágrafo único do art. 1.147 do Código Civil de 2002, para que seja estipulado o limite temporal máximo de cinco anos".

Por derradeiro, não poderia deixar de assinalar que ter participado de banca examinadora de mestrado, na tradicional Faculdade de Direito da Universidade Federal da Bahia, foi uma distinção sobremaneiramente agradável. Pude rever a vetusta Faculdade, privar com meu antigo colega e sempre amigo Professor Saulo José Casali Bahia e conhecer a promissora jurista brasileira Geisy Fiedra.

João Grandino Rodas
Diretor e Professor Titular da Faculdade de Direito
da Universidade de São Paulo. Titular do Tribunal Permanente
de Revisão do Mercosul. Antigo Presidente do Conselho
Administrativo de Defesa Econômica. Antigo Chefe
da Consultoria Jurídica do Ministério das Relações Exteriores.
Desembargador-Federal aposentado do Tribunal Regional
Federal da 3ª Região. Membro do Conselho Diretor
da Comissão Fulbright.

APRESENTAÇÃO

Está em vossas mãos exemplar da obra *Obrigação de não-concorrência: diretrizes para aplicação no âmbito civil e antitruste*, resultante da dissertação apresentada pela advogada e pesquisadora Geisy Fiedra como requisito final para a obtenção do grau de Mestre.

A banca que aprovou esta obra endereçou à sua autora todos os encômios merecidos, e veementemente recomendou a sua publicação, já que sentia não estar diante de mais um trabalho de pesquisa recapitulativo da doutrina acerca de um tema específico, o que se exige de uma dissertação de mestrado. Havia algo mais na dissertação analisada, e é o que cumpre destacar aqui, seja quanto à originalidade no tratamento do tema, seja quanto à sua profundidade, constituindo esta obra um verdadeiro bálsamo a quem perambula por escaninhos e prateleiras, físicas ou digitais, buscando saciar a necessidade de informação sobre o problema tratado no texto, pouco cuidado, até o presente, no Brasil.

A própria autora sentiu isto quando, no curso de sua atividade profissional na advocacia empresarial, teve de aconselhar clientes do ramo varejista e elaborar contratos regulando a obrigação de não-concorrência. As dificuldades encontradas para reunir informações claras e sistematizadas sobre a matéria fez brotar a necessidade de refletir de modo crítico sobre aquele terreno pouco palmilhado, sistematizando idéias, agregando conceitos a uma nova disciplina. E, no momento em que convertida à condição de pesquisadora, no âmbito do Programa de Pós-Graduação em Direito da Universidade Federal da Bahia, nada mais natural do que propor a redação de uma dissertação voltada para aquelas questões que tanto a angustiavam.

A originalidade desta obra é perceptível à primeira vista pela lúcida sistematização empreendida no terreno do direito concorrencial, este que é, como já dito, ainda informe. A definição dos critérios para fixação dos limites geográfico, temporal e substancial, e mesmo a menção a estas categorias, não é comum. E soube a autora apontar para o fato de que os limites devem atender à ponderação necessária entre os princípios da propriedade, da livre concorrência e da livre-iniciativa, mostrando como pode o aplicador do direito agir nesta seara.

O caminho percorrido até o ponto de sugerir a revisão do art. 1.147 do Código Civil passou pela definição do estabelecimento comercial, natureza e elementos, além da caracterização do seu passivo e ativo, essencial à noção da obrigação de não-concorrência. Como esta obrigação surge após negócio jurídico de trespasse, doação ou transmissão *mortis causa*, ou mesmo de negócio onde ocorra tão apenas o arrendamento, usufruto, comodato ou penhor, foram estes atos jurídicos brevemente estudados no que interessava. A obrigação de não-concorrência é então definida, servindo-se a autora inclusive do direito comparado e intertemporal, cotejando-a com o instituto da concorrência desleal, e, finalmente, indicando os limites geográfico, temporal e substancial da não-concorrência, e as consequências de sua infração. Em seguida, é apresentado o ambiente prático no qual a obrigação de não-concorrência é tratada, fazendo-se a necessária menção ao Conselho Administrativo de Defesa Econômica (CADE), e à política de controle dos atos de concentração empresarial. Mesmo a empresa estreante não ficou de fora, no esforço acadêmico empreendido por Geisy Fiedra para, estreando nas letras jurídicas (em livro), lançar luzes sobre essa área do direito.

Para resumir o pensamento da autora, pode-se servir das recomendações que faz na conclusão da obra: 1) a fixação dos limites temporal, geográfico e substancial na aplicação da obrigação de não-concorrência pelas próprias partes, quando da elaboração do contrato, e, na sua ausência, pelo Poder Judiciário ou órgãos antitruste; 2) a observância das diretrizes expostas para a fixação dos mencionados limites; e 3) a necessária revisão legislativa do parágrafo único do art. 1.147 do Código Civil, para que seja estipulado o limite temporal máximo de cinco anos para a obrigação de não-concorrência.

Esta breve apresentação apenas deve servir para aumentar o entusiasmo pela leitura da obra que agora inicia, e que pude, como orientador, e para a minha satisfação, conhecer desde o projeto e sua primeira versão. Ver-se-á, certamente, que os elogios não foram desmerecidos, e o valor do trabalho não sofreu qualquer acréscimo indevido, seja na sua originalidade, seja na sua profundidade.

Boa leitura!

Outubro de 2006

Saulo José Casali Bahia
Doutor em Direito pela Pontifícia Universidade Católica
de São Paulo, Professor da Universidade Federal da Bahia e
Juiz Federal – Justiça Federal de 1.ª Instância/SJBA.

LISTA DE ABREVIATURAS E SIGLAS

ABASE – Associação Baiana de Supermercados
ANC – Agência Nacional de Defesa da Concorrência
BRPAR – BR Participações e Empreendimentos S.A.
CADE – Conselho Administrativo de Defesa Econômica
CC/2002 – Código Civil de 2002
CEDI – Centro de Documentação (Câmara dos Deputados de Brasília)
CF – Constituição Federal
COARQ – Coordenação de Arquivo (Câmara dos Deputados de Brasília)
CPC – Código de Processo Civil
DOU – Diário Oficial da União
IBRAC – Instituto Brasileiro de Estudos da Concorrência, Consumo e Comércio Internacional
ICMS – Imposto sobre Circulação de Mercadorias e Prestação de Serviços
PL – Projeto de Lei
PLS – Projeto de Lei do Senado
PNBE – Pensamento Nacional das Bases Empresariais
PUC-SP – Pontifícia Universidade Católica de São Paulo
RAU – Regime do Arrendamento Urbano
SBDC – Sistema Brasileiro de Defesa da Concorrência
SDE – Secretaria de Direito Econômico (Ministério da Justiça)
SEAE – Secretaria de Acompanhamento Econômico (Ministério da Fazenda)
SNDE – Secretaria Nacional de Direito Econômico
USP – Universidade de São Paulo

SUMÁRIO

INTRODUÇÃO

O Código Civil de 2002 (CC/2002) define, em seu art. 1.142, que estabelecimento compreende todo complexo de bens, organizado por empresário ou sociedade empresarial, com o intuito de desenvolver e explorar a sua atividade econômica, nomeando-o, por conseqüência, de estabelecimento empresarial, conceito inovador que abrange empresas comerciais e industriais.

O estabelecimento empresarial é um bem patrimonial, podendo ser avaliado monetariamente e ser considerado objeto de negócio jurídico, na forma prevista pelo art. 1.143 do Código Civil em vigor. Nesse aspecto, é composto por vários elementos, corpóreos e incorpóreos, a exemplo de mercadorias, mobiliário, marca, nome comercial, insígnia do estabelecimento e créditos.

Logo, o valor do estabelecimento empresarial não corresponde, somente, à soma dos valores individuais dos bens materiais e imateriais, mas também à capacidade de produzir lucros, que é a sua finalidade. Esse acréscimo no valor do estabelecimento empresarial é denominado de aviamento, sendo a clientela o melhor índice para verificar a capacidade lucrativa do estabelecimento.

A controvérsia existe quanto ao fato de a clientela poder ser ou não objeto de negócio pelo transmitente do estabelecimento empresarial. Nesta pesquisa, será demonstrado que a clientela propriamente dita não poderá ser objeto de relações jurídicas, mesmo porque não pertence ao empresário e não consta do rol de seu patrimônio, nem de seus direitos.

Na realidade, o direito à clientela não tem por objeto o cliente mas sim a obrigação de não-concorrência, que consiste na proibição ao antigo titular do estabelecimento de abrir um novo, capaz de desviar a clientela, pois, se assim o fizesse, estaria desvalorizando ou, até mesmo, inviabilizando o estabelecimento transferido. O antigo titular do estabelecimento poderá se restabelecer, desde que em atividade não concorrente ou em local não alcançável pelo potencial econômico do antigo estabelecimento ou, ainda, em prazo não superior a cinco anos, pois dessa forma não haverá concorrência direta, nem disputa pela mesma clientela.

Esclarecido o contexto da proibição do desvio da clientela, registra-se que o assunto abordado nesta pesquisa é a obrigação de não-concorrência e sua regulação pelo art. 1.147 do CC/2002, pelo princípio da boa-fé objetiva e pelo sistema de defesa da concorrência, mais precisamente a regra da não-concorrência, decorrente da transferência do estabelecimento empresarial, concentrando-se na análise dos limites necessários à proibição de explorar a atividade empresarial, de forma a respeitar os princípios constitucionais da livre concorrência, da livre-iniciativa e da proporcionalidade, com repercussão no âmbito civil e antiruste.

A análise da proibição da concorrência não só no direito civil mas também no direito antitruste decorrem do mesmo ato, a transferência do estabelecimento empresarial, ainda que para o direito antitruste interesse a transferência que consista em ato de concentração capaz de influenciar a ordem do mercado concorrencial. Assim, embora com enfoques bastante diversos – o primeiro voltado para interesses individuais, e o segundo, para interesses coletivos –, verifica-se a identidade de vários critérios de aplicação da regra de não-concorrência, a exemplo dos limites temporal, geográfico e substancial.

Da análise do citado art. 1.147 depreende-se que o limite temporal já consta expresso: cinco anos, no caso de alienação, ou enquanto durar o contrato, nas hipóteses de arrendamento ou usufruto. Já os limites geográfico e substancial decorrem, implicitamente, da expressão "não-concorrência".

A partir dessa inovação do CC/2002, que pela primeira vez regula a regra de não-concorrência em nosso país, é necessário refletir sobre o alcance dessa norma em face dos princípios constitucionais da livre-iniciativa e da livre concorrência, bem como diante das regras do Sistema Brasileiro de Defesa da Concorrência.

Por outro lado, em face da ausência de critérios legais para a dimensão territorial e substancial de tal obrigação, foi considerada relevante a realização desta pesquisa, a partir da seguinte questão norteadora: quais as diretrizes capazes de restringir a obrigação de não-concorrência – tanto na área civil, como também na área antitruste –, de forma a adequá-la ao ordenamento jurídico, considerando o dever de garantia e o que prevê o art. 1.147 do Código Civil em vigor?

Assim, o objetivo geral consiste em analisar a aplicação da obrigação de não-concorrência a partir do princípio da boa-fé objetiva do Código

Civil de 2002 e as premissas do direito antitruste, identificando diretrizes para delimitar tal obrigação. Esta análise será feita no âmbito dos direitos civil e antitruste, sendo que, neste último, será observado como o Sistema Brasileiro de Defesa da Concorrência (SBDC) admite ou não tal obrigação existente nos atos de concentração.

O estudo da obrigação de não-concorrência decorrente da transferência do estabelecimento empresarial, enfocando a importância dos critérios restritivos, é relevante por se tratar de tema novo, pela primeira vez regulado no Brasil, e ainda pouco explorado na doutrina.

Para a consecução dos objetivos desta pesquisa, foi utilizada a análise documental associada à pesquisa bibliográfica, tendo sido analisados, apenas, dois tipos de documento: oficiais e técnicos. Os primeiros correspondem ao Código Civil de 2002, enfatizando o art. 1.147, o Projeto de Lei 634-B do Código Civil, de 1975, a Mensagem Presidencial 160, de 1975, e o Anteprojeto do Código Civil, s/n. O segundo se refere às peças processuais elaboradas por Rui Barbosa (BARBOSA, 1948) e decisões jurisprudenciais.

Para a identificação e localização de fontes seguras, foram feitas visitas às bibliotecas da Universidade de São Paulo (USP), da Pontifícia Universidade Católica de São Paulo (PUC/SP), da Universidade de Coimbra e do Senado Federal, e ao Centro de Documentação (CEDI) e Coordenação de Arquivo (Coarq) da Câmara dos Deputados de Brasília, o que permite a garantia da fidedignidade das fontes consultadas.

O estudo sobre o estabelecimento empresarial, contendo a sua noção técnico-jurídica, natureza e elementos, bem como a análise do passivo e ativo está no capítulo 1 desta pesquisa.

O capítulo 2 trata dos negócios jurídicos decorrentes da transferência temporária ou definitiva do estabelecimento empresarial, desde aqueles nominados no art. 1.147 do CC/2002 (alienação, arrendamento e usufruto) até os demais, como comodato e penhor.

No capítulo 3, analisa-se a obrigação de não-concorrência enquanto obrigação de não fazer, identificando suas características, incidência, distinção da concorrência desleal e diretrizes para nortear seus limites substancial, geográfico e temporal.

Já no capítulo 4 consta a análise da obrigação de não-concorrência no direito antitruste, levantando como o SBDC admite ou não tal obrigação no julgamento dos atos de concentração e a repercussão do art. 1.147 do CC/2002, considerando a preservação da estrutura concorrencial por meio do interesse coletivo.

E, finalmente, no capítulo 5, estão expostas as conclusões decorrentes do estudo realizado, apontando diretrizes para viabilizar a adoção da obrigação de não-concorrência de forma harmônica com o ordenamento civil, os princípios constitucionais e as premissas do direito antitruste.

Capítulo 1

ESTABELECIMENTO EMPRESARIAL

1.1 Noção técnico-jurídica

Estabelecimento é uma palavra polissêmica e, no sentido de casa comercial ou industrial[1] pode designar uma loja comercial, uma indústria, uma empresa. Dentre seus vários significados importa, aqui, destacar o técnico-jurídico, que o define como um conjunto de bens materiais e imateriais reunidos para a realização de uma atividade econômica.

O Código Civil atual, em seu art. 1.142, define estabelecimento como "todo complexo de bens organizado, para exercício da empresa, por empresário ou sociedade empresária", com o intuito de desenvolver e explorar a sua atividade econômica.

Coelho conceitua estabelecimento empresarial como "o conjunto de bens reunidos pelo empresário para a exploração de sua atividade econômica" (2002a, p. 97).

É importante ressaltar que o estabelecimento empresarial somente existirá enquanto houver a reunião desses bens – mercadorias, máquinas, instalações, tecnologia, prédio etc. – para os fins empresariais, pois, uma vez desarticulados, perdem o valor agregado.

Isto significa que o estabelecimento é o complexo de bens reunidos para a prática de uma atividade econômica organizada, titularizada por uma sociedade empresária ou pelo empresário, na sua forma singular ou coletiva, empresário este que não é mais diferenciado pela natureza de sua atividade, que pode ser civil ou comercial, e que tem, apenas, o dever de atender à produção ou à circulação de bens ou serviços.

Verifica-se, portanto, que o atual Código Civil eliminou e unificou a divisão, anteriormente existente, entre empresário civil e empresário co-

[1] Significa "ato ou efeito de estabelecer(-se); 1. ato de criar ou instituir algo; abertura, fundação 2. ação de pôr em vigor, instauração; 3. ato de marcar, fixar; 4. instituição pública ou particular; 5. casa comercial ou industrial; 6. estatuto, lei [...]" (HOUAISS, 2004, p. 1.243).

mercial. Não mais existe a distinção entre sociedades comerciais e sociedades civis, as primeiras reguladas pelo Código Comercial, de 1850, ou pelo Decreto 3.708/1919, e as segundas pelo Código Civil de 1916, arts. 1.363 a 1.423.

Observa-se que a moderna e correta nomenclatura a ser adotada, de acordo com o Código Civil de 2002, é estabelecimento empresarial[2] e não mais estabelecimento comercial, como retratavam o Código Civil de 1916 e o Código Comercial.

O estabelecimento é composto por bens corpóreos – mercadorias, mobiliário, instalações, utensílios, equipamentos etc. – e por bens incorpóreos – marca, título do estabelecimento, entre outros – que são reunidos pelo titular do estabelecimento e organizados para o exercício de determinada atividade empresarial.[3]

Esses elementos passam a ser considerados como uma universalidade, um todo unitário, não só em decorrência dessa "relação de complementaridade, mas também porque é a vontade do seu titular organizá-los em torno de uma comum destinação econômica [grifos do autor]" (CARVALHOSA, 2003, p. 630).

Além dos bens corpóreos e incorpóreos, existe, ainda, outro fator econômico apto a viabilizar a atividade empresarial – os serviços: "[...] a noção de estabelecimento é a de um complexo de bens no sentido amplo, aí compreendidas não só as coisas corpóreas e os chamados bens imateriais, mas, também, as prestações decorrentes do trabalho subordinado, ou seja, os serviços" (BARRETO FILHO, 1969, p. 132). Assim, o estabelecimento deve ser definido como o conjunto de bens *latu sensu*, incluindo-se os serviços.

O conceito de estabelecimento apresenta, ainda, duplicidade de significado, pois poderá ser utilizado para definir a empresa, com toda a sua estrutura física e humana, representando a rede de filiais, agências ou sucursais[4] e matriz, como também poderá ser aplicado para destacar uma unidade, por

[2] A definição do art. 1.142 do CC/2002 empregou apenas a locução "estabelecimento"; mas, levando-se em conta que o referido Código incorporou a teoria da empresa, a expressão mais completa para designar o instituto seria "estabelecimento empresarial", que abrange as atividades comerciais e industriais.

[3] Os elementos corpóreos e incorpóreos variarão conforme a atividade do estabelecimento, se comercial ou industrial.

[4] A classificação em filiais, agências ou sucursais dependerá da atividade empresarial e da vontade do empresário, sendo expressões equivalentes.

exemplo uma rede de lojas, em que cada loja constitui um estabelecimento, mas a rede de lojas pode ser designada de estabelecimento.

Quando o mesmo empresário possui diversos estabelecimentos, o centro das decisões, geralmente, aquele onde ficam a diretoria e os principais administradores, será denominado de matriz e os demais de filiais, o que deverá constar no contrato ou estatuto social e servirá de critério para determinar o domicílio.

O CC/2002 preceitua que o domicílio das pessoas jurídicas é "o lugar onde funcionarem as respectivas diretorias e administrações, ou onde elegerem domicílio especial, no seu estatuto ou atos constitutivos" (art. 75, IV). Caso a pessoa jurídica possua diversos estabelecimentos em lugares diferentes, cada um deles será considerado domicílio para os atos nele praticados, na forma do § 1.º do art. retrocitado.

Antes do Código Civil de 2002 entrar em vigor, as normas legais sobre o estabelecimento eram fragmentárias e esparsas, de forma que seus arts. 1.142 a 1.195 representam uma inovação legislativa. Com inspiração no Código Civil italiano, de 1942 – art. 2555 a 2562 –, os legisladores brasileiros construíram uma teoria própria do estabelecimento.

Ressalte-se que o estabelecimento é um bem patrimonial e, portanto, pode ser avaliado monetariamente[5] bem como poderá ser objeto de negócio jurídico, na forma prevista pelo art. 1.143 do Código Civil em vigor, como será analisado no capítulo 2.

Ainda que o estabelecimento seja um patrimônio voltado para o desenvolvimento de uma atividade empresarial, não se confunde com o patrimônio do empresário ou da sociedade empresária, o que se torna de fácil compreensão ao se constatar que o patrimônio do empresário ou da sociedade poderá adquirir bens que não serão empregados na atividade empresarial e, portanto, não farão parte de nenhum estabelecimento. É o que ocorre quando uma indústria compra um prédio para locar a terceiros.

[5] Como o patrimônio do estabelecimento está em constante mutação, na medida em que tem bens ou serviços destinados a venda ou transformação – por exemplo, a matéria-prima transformada em produto pela indústria, o inventário físico para levantamento dos bens sofrerá diferença de um dia para outro caso não sejam suspensas as atividades. É a dinâmica própria da atividade empresarial que confere esse caráter mutável à parte do patrimônio do estabelecimento, parte esta que recebe a denominação contábil de "capital circulante ou de giro".

Assim, o patrimônio do estabelecimento não se confunde com o da empresa, apesar de ambos possuírem, muitas vezes, o mesmo titular. A empresa inicia sua existência com a inscrição de seus contratos e estatutos no registro de comércio, conforme estabelece o art. 1.150 do CC/2002.[6-7]

O estabelecimento, como instrumento para realização de atividade econômica, é composto por um complexo de coisas e só estará caracterizado quando iniciar a atividade produtora, ou seja, quando a ele tiver acesso pessoa com o ânimo de adquirir produto ou serviço: é nesse momento que se inicia a atividade comercial ou industrial.

Antes da realização da atividade econômica, o conjunto dos bens materiais e imateriais vale pelo valor individual e não pelo conjunto, pois não há a capacidade para gerar lucros, mas tão somente expectativas.

Mário Rotondi destaca que, como estabelece o art. 2555 do Código Civil italiano de 1942, o elemento determinante para o início do estabelecimento é o funcionamento do complexo de bens, de forma que, na fase preparatória, antecedente ao início efetivo da exploração, não se pode falar na existência do estabelecimento (apud BARRETO FILHO, 1969, p. 136).

Quando a relação comercial ou industrial se efetiva, as relações que compõem o estabelecimento vão se formando – relações com consumidores ou clientes, empregados, prestadores de serviços, fornecedores etc. A partir daí, os elementos do estabelecimento passam a funcionar de forma integrada e é o funcionamento desse sistema que permitirá fixar o valor do estabelecimento como um conjunto. Mesmo na hipótese de alienação de todos os seus estabelecimentos, a empresa não se extinguirá, pois permanecerá obrigada pelas dívidas, como será visto a seguir, no item 1.4. É muito comum nos negócios jurídicos que o transmitente do estabelecimento, ainda que altere a sua razão social, continue com a mesma empresa, para administrar o passivo.

[6] "Art. 1.150. O empresário e a sociedade empresária vinculam-se ao Registro Público de Empresas Mercantis a cargo das Juntas Comerciais, e a sociedade simples ao Registro Civil das Pessoas Jurídicas, o qual deverá obedecer às normas fixadas para aquele registro, se a sociedade simples adotar um dos tipos de sociedade empresária."

[7] A Lei 8.934, de 18 de novembro de 1994, dispõe sobre o registro público de empresas mercantis e atividades afins.

Os bens que compõem o estabelecimento, embora tenham a mesma destinação econômica, estão submetidos, individualmente, ao regime que lhes é peculiar, estando à disposição do empresário sob diversos títulos. Não é necessário que todos os bens sejam da propriedade do empresário, como no caso de locação, em que o titular do estabelecimento[8] é um e o proprietário do imóvel é outro,[9] ou nas hipóteses de arrendamento e usufruto.[10]

Já os bens móveis poderão estar no estabelecimento por leasing,[11] comodato, ou mesmo ser de propriedade do titular, enquanto os serviços podem decorrer de contrato de trabalho, bem como de estágio, prestação de serviço ou tercerização.

1.2 Natureza do estabelecimento empresarial

A união do conjunto de bens singulares decorre da vontade do titular dos bens ou da lei, surgindo daí a distinção entre universalidade de fato, formada pela vontade do titular dos bens, que os reúne para determinado fim, e universalidade de direito, que representa o conjunto de bens que se forma por determinação legal (MIGUEL, 1998, p. 52).

[8] Este ensaio adota a expressão "titular" para aquele que figura como "dono" do estabelecimento empresarial, já que este abrange bens, direitos e obrigações de diversas naturezas que extrapolam o conceito de propriedade. Já Barreto Filho (1969, p. 140) distingue, ainda, a titularidade do estabelecimento de sua exploração. O empresário é aquele que exerce, profissionalmente, a atividade econômica, utilizando a exploração do estabelecimento como instrumento e não aquele que detém a titularidade, já que o titular poderá nomear outras pessoas para explorá-lo. O importante é que o empresário, titular do estabelecimento ou não – por exemplo o usufrutuário ou o arrendatário – tenha, sob o seu nome e responsabilidade, a exploração do estabelecimento.

[9] Também pode ocorrer nos casos de cessão de locação ou sublocação, nos quais o titular do estabelecimento será distinto do cedente ou sub-locador.

[10] Sobre arrendamento e usufruto, ver capítulo 2, respectivamente itens 2.2.1 e 2.2.2.

[11] Segundo Silva, *leasing* "ou arrendamento mercantil é o contrato segundo o qual uma pessoa jurídica arrenda a uma pessoa física ou jurídica, por tempo determinado, um bem comprado pela primeira de acordo com as indicações da segunda, cabendo ao arrendatário a opção de adquirir o bem arrendado findo o contrato, mediante preço residual previamente fixado [...]" (2003, p. 820).

O Código Civil em vigor inovou, mais uma vez, ao conceituar as duas categorias. A universalidade de fato (*universitas facti*) está definida como a "pluralidade de bens singulares que, pertinentes à mesma pessoa, tenham destinação unitária" (art. 90 do CC/2002), enquanto a universalidade de direito (*universitas juris*) é "o complexo de relações jurídicas, de uma pessoa, dotados de valor econômico" (art. 91 do CC/2002).

A maioria dos doutrinadores (FERREIRA, 1952, p. 31; BARRETO FILHO, 1969, p. 109; BULGARELLI, 2000, p. 322) enquadra o estabelecimento como universalidade de fato. Também no direito italiano, como ensina Cesare Vivante, a doutrina e jurisprudência predominante entendem que o estabelecimento empresarial é uma universalidade de fato (apud MIGUEL, 1998, p. 55).

As bibliotecas e os rebanhos são exemplos clássicos de universalidades de fato, pois, embora os animais e livros possam ser consideradas individualmente, por vontade do titular, são tratados coletivamente.

O estabelecimento não é formado por coisas homogêneas – como nos exemplos da biblioteca e do rebanho – mas por bens economicamente complementares e heterogêneos, a exemplo de móveis, mercadorias, instalações e equipamentos. Entretanto, as coisas singulares que compõem o estabelecimento não perdem a sua individualidade, podendo ser, separadamente, objeto de atos e relações jurídicas. Esta é uma caracterísitca da *universitas facti*.

Então, é necessário reconhecer que o estabelecimento é uma universalidade de fato como resultado de sua heterogeneidade. É indubitável que o estabelecimento tem um regime jurídico próprio, distinto daqueles que regulam os seus elementos, sendo que sua unidade econômica resultará na unidade jurídica, ou seja, o estabelecimento na condição de universalidade de fato é objeto de direito.

Para Mamede (2004, p. 179), o estabelecimento é uma *universitas bonorum* e uma *universitas iuris*, como estabelecem, respectivamente, os arts. 90 e 91 do Código Civil de 2002. Como universalidade de fato, possui relações jurídicas próprias, tomando um ou mais bens por sua singularidade, por exemplo na hipoteca de um imóvel ou na penhora de um bem móvel. Entretanto, poderá ocorrer a negociação do estabelecimento como um todo – a coletividade dos bens que compõem a empresa – enquanto universalidade de direito.

1.3 Elementos do estabelecimento empresarial

Como já exposto anteriormente, o estabelecimento é composto por um conjunto de elementos heterogêneos, de natureza material e imaterial. Esses elementos não se fundem, permanecendo com sua autonomia. Esse conjunto de bens é, também, como analisado no item anterior, uma universalidade de fato, ou seja, é a vontade do titular que reúne os bens convenientes e necessários para compor o instrumento de sua atividade. Portanto, o empresário, ao formar o seu estabelecimento, escolhe os bens, organizando-os da forma que julgar mais conveniente e funcional.

Para instrumentalizar a atividade do empresário, são necessários diversos bens que irão variar de acordo com o ramo de atividade, pois cada atividade requer um agrupamento de bens diferentes para ser viabilizada. Assim, a identificação de todos os elementos componentes do estabelecimento só será possível ao se analisar, especificamente, cada estabelecimento.

Embora não seja viável elaborar uma enumeração global dos elementos integrantes do estabelecimento empresarial, a identificação dos mais freqüentes e, até mesmo, de alguns indispensáveis, é possível. Para tanto, em consonância com a doutrina majoritária (BARRETO FILHO, 1969, p. 37; MIGUEL, 1998, p. 64; CARVALHOSA, 2003, p. 617), adota-se, neste ensaio, a classificação desses elementos em bens corpóreos e bens incorpóreos.

1.3.1 Elementos corpóreos

Os elementos corpóreos são os bens dotados de corpo físico, que ocupam lugar no espaço e, portanto, podem ser objeto de domínio. Em relação a esses bens, afirma Coelho:

> [...] que a sua proteção jurídica não é diferente da liberada às demais coisas corpóreas. Quer dizer, se o empresário tem desrespeitado seu direito de propriedade sobre uma mercadoria do estoque, a sua proteção, no âmbito penal e civil, será idêntica à que o direito dá a qualquer outra pessoa não empresária, na mesma situação. [...] (2002a, p. 100-101).

Os elementos corpóreos se dividem em bens móveis e bens imóveis. Os móveis são "os bens suscetíveis de movimento próprio, ou de remoção por força alheia, sem alteração da substância ou da destinação econômico-social" (CC/2002, art. 82).[12] Os bens móveis encontrados na maioria dos estabelecimentos empresariais são: mercadorias, mobílias, utensílios, veículos, máquinas e instalações.

Já os bens imóveis são aqueles que, por natureza, não podem ser transportados de um lugar para outro sem que sofram destruição. Como define o art. 79 do CC/2002: "são bens imóveis o solo e tudo quanto se lhe incorporar natural ou artificialmente". Além destes, o Código Civil atual, em seu art. 80, considera imóveis para os efeitos legais: "I – os direitos reais sobre imóveis e as ações que os asseguram; II – o direito à sucessão aberta".[13]

Alguns doutrinadores, como Requião (1993, p. 214), entendem que, sendo o estabelecimento, na sua unidade, uma coisa móvel, o imóvel não pode dele fazer parte. Ocorre que esse entendimento não pode prevalecer, já que o estabelecimento é composto por bens que, em função de um interesse econômico, são considerados pelo seu conjunto, de forma que não há como classificar esse conjunto de bens como móvel ou imóvel. Tal classificação deve ser feita aos bens individualmente considerados.

1.3.2 Elementos incorpóreos

Os elementos incorpóreos são aqueles que não ocupam espaço no mundo físico, tendo existência ideal. Correspondem, principalmente, aos valores agregados ao conjunto dos bens móves e imóveis, bem como às criações intelectuais, marcas, título do estabelecimento, privilégios industriais, entre outros.[14]

[12] O art. 83 do CC/2002 estabelece que: "Consideram-se móveis para os efeitos legais: I – as energias que tenham valor econômico; II – os direitos reais sobre objetos móveis e as ações correspondentes; III – os direitos pessoais de caráter patrimonial e respectivas ações". Já o artigo seguinte determina: "Art. 84. Os materiais destinados a alguma construção, enquanto não forem empregados, conservam a sua qualidade de móveis; readquirem essa qualidade os provenientes da demolição de algum prédio".

[13] Segundo o art. 81 do CC/2002, "não perdem o caráter de imóveis: I – as edificações que, separadas do solo, mas conservando a sua unidade, forem removidas para outro local; II – os materiais provisoriamente separados de um prédio, para nele se reempregarem".

[14] Sobre propriedade industrial, ver Coelho (2002a, p. 134-184).

Esta pesquisa selecionou os elementos incorpóreos integrantes do estabelecimento empresarial mais relevantes para o presente estudo, caracterizados a seguir:

1.3.2.1 Aviamento

Inicialmente, cumpre registrar que a classificação do aviamento como elemento do estabelecimento empresarial existe, apenas, como forma didática de apresentá-lo, pois, como será demonstrado a seguir, o aviamento é um atributo do estabelecimento e não propriamente seu elemento, já que dele não poderá ser destacado.

Com a realização de atividade comercial ou industrial, a organização racional dos elementos do estabelecimento passa a funcionar de forma tal, que determinará o seu preço como uma unidade. Assim, a soma dos valores individuais dos bens materiais e imateriais não mais corresponderá ao valor do estabelecimento.

O que determina esse acréscimo ao valor do estabelecimento empresarial é o aviamento, que vem da expressão italiana *avviamento*[15] e representa a capacidade de produzir lucros, que é a sua finalidade.

Pode existir estabelecimento que não produza lucro, às vezes até por má administração de seu proprietário, mas, ainda assim, terá o seu aviamento, pois a sua finalidade sempre será a produção de lucros. Neste caso, o aviamento será negativo, pois o estabelecimento é inábil para produzir os resultados positivos esperados.

O aviamento também é denominado de "fundo de comércio", derivado do francês *fonds de commerce*, porém a mais adequada é a denominação "fundo de empresa", pois abrange a atividade comercial e industrial (empresarial). Aqui vale transcrever a opinião de Coelho, ao esclarecer que

[15] Também denominado de *Goodwill of a trade*, ou, simplemente, *goodwill*, na terminologia inglesa, que significa "an intangible but recognized bunisses asset that is the result of such features of an ongoing enterprise as the production or sale of reputable brand-name products, a good relationship with customers and suppliers, and the standing of the bunisses in its community. Good will can become a balance sheet asset when a going business is acquired at a price exceeding the net asset value (assets less liabilities)" (GIFIS, 1998, p. 207).

não se pode confundir estabelecimento com fundo de empresa, pois este representa um atributo daquele, qual seja o aviamento.

> [...] Registro que não é correto tomar por sinônimos "estabelecimento empresarial" e "fundo de empresa". Este é um atributo daquele; não são, portanto, a mesma coisa. Precisa-se: o estabelecimento empresarial é o conjunto de bens que o empresário reúne para explorar uma atividade econômica, e o fundo de empresa é o valor agregado ao referido conjunto, em razão da mesma atividade [grifos do autor] (2002a, p. 98).

Ao tratar sobre contrato de trespasse, Barreto Filho elucida o conceito de aviamento:

> Por ocasião das tratativas preliminares para formação do contrato, fixa-se o preço que o adquirente se dispõe a aceitar, tendo em vista o estabelecimento em seu conjunto. Acontece, comumente, que esse preço é mais elevado do que o resultante da soma dos valores dos elementos singulares que o compõem; essa diferença constitui justamente o valor do aviamento (1969, p. 209).

Em seguida, esse mesmo autor aduz que o aviamento não consta no balanço do titular do estabelecimento, pois representa um valor potencial que apenas irá se concretizar na ocasião de sua transferência.[16]

Neste sentido, também, é o entendimento de Ferreira:

> Não se depara, nem é possível, em balanço algum, verba referente ao aviamento, ou seja o super-valor pelo próprio dono do estabelecimento, pessôa natural ou jurídica, pré-estabelecido. Êsse valor surge quando se cuide de transferí-lo; e aceito, é pago pelo adquirente. Só então ganha corpo e materializa-se em dinheiro, moeda corrente, fixando-se-lhe o montante. [...] Somente quando o estabelecimento se vende é que o aviamento, ou seja, as luvas pagas, ademais do preço, pelo estabelecimento, pode lançar-se no balanço. Antes, não. Não haveria como falar em aviamento, por ainda inexistente e só aparecido no instante da venda (1952, p. 355).

[16] O Código Civil italiano, ao tratar do balanço das sociedades por ações, em seu artigo 2427 permite o lançamento do aviamento no ativo do adquirente, desde que tenha sido pago um valor a esse título, na ocasião da transferência do estabelecimento.

Assim, o aviamento não pode ser destacado do estabelecimento, pois será aferido na empresa, no seu *modus operandi*. Se o estabelecimento for dividido, não se encontrará o aviamento, que é a alma da empresa.

O mercado econômico assimilou o conceito de aviamento de tal forma, que sempre indica valor diferenciado entre o patrimônio líquido da empresa e o valor da empresa em si, visto que este último inclui a capacidade de produzir lucros ou não.

A clientela é o melhor índice para verificar a capacidade lucrativa do estabelecimento, mas não é o único, visto que o volume dos negócios não determinará o lucro por si só, mas, antes, dependerá do custo das mercadorias ou serviços. Uma empresa pode ter índices baixos de lucratividade, apesar de possuir uma vasta carteira de clientes.

Da mesma forma, não é a reputação do estabelecimento no mercado econômico que representará o aviamento, pois nem sempre uma boa reputação significará altos lucros. Um restaurante pode ser considerado o melhor da cidade, e, no entanto, ter poucos clientes, devido aos altos preços dos seus produtos, gerando, por conseqüência, pouco ou nenhum lucro.

Barreto Filho (1969, p. 174) apresenta o estudo completo e profundo de Mario Rotondi sobre aviamento, classificando-o em: a) objetivo ou real – elementos inerentes ao estabelecimento: suas qualidades, organização e a atividade do titular incorporada ao estabelecimento; e b) subjetivo ou pessoal – que deriva da pessoa e do prestígio do titular. E complementa que, com a transferência do estabelecimento, só o acompanha o aviamento objetivo, pois o subjetivo não se transmite diretamente ao novo titular. Ocorre que, de forma indireta, o adquirente do estabelecimento desfruta do aviamento subjetivo, mediante a cláusula de não-concorrência, traduzindo-se em uma obrigação de fazer ou não fazer (BARRETO FILHO, 1969, p. 174).

A classificação acima, ao considerar a atividade do empresário "transfundida e objetivada no estabelecimento" como aviamento objetivo, deixa estreito o limiar para o aviamento subjetivo, faltando ainda esclarecer de que forma se encaixa a clientela. Ademais, com a globalização em ascensão, é cada vez maior o número de multinacionais tornando distante a figura do titular do estabelecimento (aviamento subjetivo), adquirindo muito mais importância atrativa a marca do produto ou serviço. Por tais razões, a classificação citada não será adotada na presente pesquisa.[17]

Depreende-se que o aviamento é um atributo do estabelecimento e não um elemento dele, sendo que, como tal, não poderá ser objeto autônomo de direitos, pois constitui um valor econômico que demanda proteção jurídica por estar inserido no estabelecimento, não podendo ser considerado em separado.

O pensamento de M. Rotondi, traduzido por Barreto Filho, é o que melhor esclarece o aviamento como qualidade:

> Constitui mera abstração falar do aviamento como coisa ou elemento existente por si próprio, independentemente do estabelecimento. O aviamento existe no estabelecimento, como a beleza, a saúde ou a honradez existem na pessoa, a velocidade no automóvel, a fertilidade no solo, constituindo qualidades incindíveis dos entes a que se referem. O aviamento não existe como elemento separado do estabelecimento, e, portanto, não pode constituir em si e por si objeto autônomo de direitos, suscetível de ser alienado, ou dado em garantia. [...] Não ocorre, pelo visto, em relação ao aviamento, a possibilidade de uma tutela autônoma, a qual lhe é conferida apenas como reflexo da tutela dispensada ao estabelecimento, do qual o pretenso bem imaterial não representa senão a abstração de uma qualidade ou atributo [grifos do autor] (ROTONDI, apud BARRETO FILHO, 1969, p. 171).

Ocorre que a definição do aviamento enquanto objeto autônomo de direito ou qualidade do estabelecimento nem sempre foi pacífica. Existem autores que admitem ser um bem imaterial do estabelecimento e, portanto, um objeto autônomo de direitos (MAGALHÃES, 1951, p. 65), muito em-

[17] Em empresa pequena, na qual o titular do estabelecimento esteja presente no dia-a-dia, é que se poderá cogitar do aviamento subjetivo. Neste caso, a habilidade, o carisma, a honestidade e a competência do titular do estabelecimento poderão influenciar no desenvolvimento da atividade empresarial, contribuindo para determinar o menor ou maior valor do aviamento. Este fator pessoal não poderá ser transferido para o adquirente do estabelecimento, pois é formado de características inerentes ao empresário, e também é tutelado pelo direito, por meio da obrigação de não-concorrência imposta ao transmitente do estabelecimento.

bora a maioria dos doutrinadores (FERREIRA, 1952, p. 353; MENDONÇA, 1955, p. 21; BARRETO FILHO, 1969, p. 169; CORREIA, 1994, p. 119-120) defenda que o aviamento é uma qualidade do estabelecimento, como se pode ver no trecho de Correia, transcrito abaixo:

> Mas o aviamento, note-se, não é um elemento, é antes uma qualidade do estabelecimento comercial. A potencialidade de lucro da empresa constitui um valor económico, que o direito deve proteger e que efetivamente protege. Mas protege-o em função do estabelecimento, de que representa, como já disse, uma qualidade. Não é possível a constituição de relações jurídicas autónomas sobre esse valor: nós não podemos concebê-lo como algo de separado do estabelecimento, isto é, fazendo abstração do estabelecimento [grifo do autor] (1994, p. 119-120).

Mamede (2004, p. 186), além de enquadrar o aviamento como qualidade do estabelecimento, fixou que o aviamento não é um bem jurídico, na forma dos arts. 79 a 103 do Código Civil em vigor, nem coisa (res) e, muito menos, um direito pessoal, com expressividade econômica, capaz de compor o patrimônio econômico de uma pessoa e ser transferido ao de outrem. Trata-se de um bem juridicamente protegido, nos moldes dos arts. 186, 187 e 927, todos do Código Civil de 2002.

1.3.2.2 Clientela

Clientela é o grupo de pessoas que compra produtos ou serviços em determinado estabelecimento com habitualidade. Representa a razão de ser do estabelecimento empresarial.

Freguesia[18] e clientela[19] podem ser utilizadas como sinônimos? Buscando o significado das palavras, de acordo com Houaiss, constata-se que freguesia é um termo mais abrangente, pois engloba os consumidores habituais e ocasionais, enquanto a clientela só representa os clientes habituais. Serão estes, portanto, os significados adotados na presente pesquisa.

[18] "[...] conjunto dos consumidores habituais e ocasionais de um estabelecimento comercial; conjunto das pessoas que utilizam um mesmo bem ou serviço profissional; clientela [...]" (HOUAISS, 2004, p. 1389).

[19] "[...] o conjunto ou a totalidade de clientes de um estabelecimento comercial, de um banco [...]; conjunto de pessoas que freqüentam habitualmente um determinado lugar [...]" (HOUAISS, 2004, p. 740).

Campinho defende que existe diferença entre clientela e freguesia, sendo que na primeira o conjunto de técnicas utilizadas pelo empresário atrai o grupo de pessoas de forma costumeira, com certa fidelidade; já na freguesia, o que determina a atração do grupo de pessoas são fatores de outra natureza, como a localização do estabelecimento.[20]

Ferreira[21] buscou no direito canônico o conceito de freguesia, que correspondia ao território sobre o qual se estendia a jurisdição espiritual de um pároco. Os fregueses da paróquia passaram a ser dos estabelecimentos, de forma que freguesia está relacionada com lugar, significando o conjunto de pessoas ligadas a determinado estabelecimento pela sua localização (1952, p. 356). Já clientela representa o conjunto de pessoas vinculadas ao estabelecimento pelas qualidades subjetivas do seu titular. Barreto Filho (1969, p. 180) ressalta que, no Brasil, os termos clientela e freguesia são utilizados como sinônimos.

Outro ponto controvertido consiste em saber se a clientela pode ser objeto de negócio pelo alienante do estabelecimento empresarial.

Magalhães defende que "a freguesia não pode propriamente ser objeto de relações jurídicas", a menos que as relações jurídicas entre freguesia e comerciante sejam fixadas por contratos a prazo; nesse caso, os direitos e obrigações decorrentes podem ser transmitidos, independentemente da vontade dos fregueses (1951, p. 71).

[20] Freguesia "[...] é o que os franceses chamam de 'achalandage', que consiste na clientela transeunte ou passageira, como se constata com o conjunto de pessoas que adquire produtos ou serviços em lojas de aeroportos, estações ferroviárias ou rodoviárias" (CAMPINHO, 2004, p. 342).

[21] Com base nos ensinamentos de juristas franceses, Ferreira vai mais além ao classificar a freguesia em "[...] três categorias: a) a passageira ou transeunte; b) a do estabelecimento, mercê de sua localização e nomeada; c) a pessoal do comerciante, atraída por suas qualidades pessoais. [...]" (1952, p. 352). Em seguida, sustenta: "Tem a freguesia importância considerável no mundo dos negócios. Dela vive o comerciante. É ela a alma do estabelecimento. Ela é que compra. É ela que propaga os produtos ou artigos adquiridos. Para ela, por isso, são todos os esforços, todo o carinho do comerciante e de seus prepostos. Passa a freguesia, destarte, a constituir o elemento primordial do estabelecimento. Já se chegou até a asseverar que, sendo elemento característico, preponderante, infalível, da casa de negócio, ela se converte na 'coluna mestra – realmente única pela sua importância decisiva – onde assenta todo o edifício da figura jurídica do fundo de comércio' [...]" (1952, p. 356-357).

Parece que a exceção acima transcrita não se sustenta quando se verifica que o real objeto seria o crédito do cliente e não a clientela propriamente dita. É evidente que a freguesia não poderá ser objeto de negócio jurídico, mesmo porque não pertence ao estabelecimento, não consta no rol do seu patrimônio nem dos seus direitos.

Não se pode cogitar, portanto, da cessão da clientela, visto que é constituída de relações com pessoas estranhas ao titular do estabelecimento, não sendo possível exigir de tais pessoas a realização de negócio do qual não fizeram parte. Afinal, trata-se da preferência do cliente, que é seu ato de vontade e, como tal, não pode ser negociado por terceiros.

Entretanto, é possível pressupor o direito à clientela como um dos elementos incorpóreos do estabelecimento tutelado pelas normas proibitivas de concorrência (CARVALHOSA, 2003, p. 622). Assim, como já assinalado no item anterior, a lei protege os fatores do aviamento, entre os quais a clientela, por meio da obrigação de não concorrer imposta ao transmitente do estabelecimento, ou seja, o direito à clientela não tem por objeto o cliente mas sim a obrigação de abster-se de desviar a clientela do estabelecimento.

Barreto Filho afirma que a clientela é uma situação de fato, com valor econômico protegido indiretamente pela lei (objeto de obrigações de fazer ou de não fazer), como também a razão de ser do estabelecimento, não sendo um bem imaterial, objeto autônomo de direito (1969, p. 182-183).

Assim, a clientela, da mesma forma que o aviamento, não é um elemento do estabelecimento empresarial, mas uma qualidade do estabelecimento, não possuindo, portanto, existência autônoma.

É óbvio que a clientela será sempre um valor a considerar quando da realização do negócio jurídico, ainda que o transmitente não possa garantir que, após a transferência do estabelecimento, o adquirente continue com a mesma clientela.

Fato inconteste é que o cliente, uma vez satisfeito, não costuma deixar de freqüentar determinado estabelecimento e, muitas vezes, sequer toma conhecimento da ocorrência ou não da transferência de titularidade.

1.3.2.3 Ponto empresarial

O ponto empresarial é mais um dos elementos incórporeos que compõem o estabelecimento. Anteriormente denominado de ponto comercial, representa o local onde o estabelecimento está situado, não se confundindo com a propriedade do imóvel, já que o titular do estabelecimento não precisa ser o proprietário do imóvel.

O empresário busca um local apropriado para atrair a clientela que pretende conquistar, sendo o ponto um dos fatores decisivos para o bom desempenho do estabelecimento empresarial, razão pela qual existe tutela jurídica para a permanência nele. Se o titular do estabelecimento é o proprietário do imóvel, o direito à continuidade no ponto está assegurado pelo direito de propriedade.

Entretanto, se o titular do estabelecimento está no imóvel mediante contrato de locação, será protegido pela Lei de Locações (Lei 8.245/1991), que, em seu art. 51, garante o ponto empresarial por meio do direito à renovação do contrato de locação não residencial, desde que preenchidas determinadas condições, que são: a) contrato escrito e com prazo determinado; b) prazo de cinco anos de relação locatícia, computando-se, se for o caso, a soma dos prazos ininterruptos dos contratos escritos; c) exploração da mesma atividade empresarial pelo prazo mínimo e ininterrupto de três anos.[22] No contrato de locação por prazo indeterminado, não haverá tutela ao ponto empresarial, podendo ser denunciado pelo locador, a qualquer tempo, mesmo que transcorrido o prazo de cinco anos no exercício da mesma atividade empresarial, mediante aviso prévio de, no mínimo, 30 dias, conforme previsto no art. 56 da Lei de Locações.

Vale lembrar que pode existir estabelecimento sem ponto empresarial – como é o caso do comércio ambulante –, sendo este apenas um dos seus elementos, sem caráter obrigatório.

1.3.2.4 Ponto virtual

Muitos autores (MORAES, 2001, p. 126; COELHO, 2002b, p. 33-34) defendem que o estabelecimento empresarial virtual, da mesma forma que o físico, também é um conjunto de bens materiais e imateriais utilizado pelo empresário para o exercício da atividade. A diferença está na forma de acesso dos clientes: se por deslocamento até o imóvel onde se encontra a empresa, o estabelecimento é físico; se por via eletrônica (internet), é virtual.

[22] O inc. III do art. 51 se refere à exploração de comércio, no mesmo ramo, mas, com a evolução da teoria da empresa e a sua incorporação no Código Civil de 2002, aplica-se tal dispositivo para atividade empresarial.

Ocorre que a falta de deslocamento do cliente até a empresa não elimina o estabelecimento físico, mas sim o ponto empresarial, pois, embora a empresa não precise se preocupar com a localização do seu estabelecimento (local de fácil acesso, com estacionamento para os clientes, instalações confortáveis etc.[23]), fisicamente o estabelecimento existirá, não sendo, portanto, virtual.

Na realidade, o mais freqüente é o ponto ser virtual e não necessariamente o estabelecimento, embora possa ocorrer, no futuro, de o estabelecimento também ser virtual,[24] hipótese em que sequer existirá escritório ou centro distribuidor mas apenas um domínio (endereço eletrônico) na internet, em que o consumidor ou adquirente poderá comprar produtos ou serviços.

A empresa Submarino,[25] por exemplo, é uma das maiores lojas de comércio eletrônico do País, cujo acesso por parte dos clientes ocorre pela internet ou por telefone. Possui grande estrutura física, composta por um

[23] Essas condições variarão muito de acordo com o estabelecimento empresarial, por exemplo, para alguns, será irrelevante o local para estacionamento, por serem seus clientes da classe de pequeno poder aquisitivo.

[24] Ocorre que, na forma do art. 75, IV, do CC/2002, o estabelecimento deve indicar o seu domícilio, sob pena de desconsideração da pessoa jurídica, por se tratar de empresa irregular. E, na forma do § 2.º, na hipótese de administração ou diretoria sediada no estrangeiro, será tido por domicílio da empresa, referente às obrigações contraídas por cada uma das suas agências, o estabelecimento situado no Brasil. Nesse mesmo sentido, o Projeto de Lei 1.589/1999 – apenso ao PL 1483/1999 – estabelece, em seu art. 4.º, *b*, que a oferta de contratação eletrônica deve informar o endereço físico do estabelecimento, exigindo a qualidade física para o comércio eletrônico, o que representa um entrave ao desenvolvimento do comércio eletrônico.

[25] De acordo com as informações contidas no seu *site* (http://www.submarino.com.br/home_whoweare.asp), "o Submarino foi criado em junho de 1999, a partir da aquisição das operações de comércio eletrônico de livros da BookNet por um grupo de empreendedores, liderados pela GP Investimentos. O Submarino é uma sociedade anônima de capital fechado, do setor varejista, voltada principalmente para transações comerciais diretas com o consumidor. Possui grande sortimento de produtos, com cerca de 700 mil itens cadastrados [...]. Mensalmente, mais de 5 milhões de pessoas visitam o *site*. São mais de 1,5 milhão de clientes cadastrados em 4 anos de existência".

centro de distribuição[26] localizado na cidade de São Paulo, no bairro da Barra Funda. Seus clientes, por meio do site na world wide web (www), escolhem os produtos que desejam comprar, que serão entregues no endereço indicado. Não há deslocamento dos clientes até a empresa, mas o estabelecimento existe fisicamente: o que não existe é o ponto, que é virtual.

Outro exemplo de empresa com ponto virtual é a *Mercadolivre.com*,[27] que constitui um grande mercado virtual onde os usuários se reúnem em um mesmo espaço para comprar e vender de todas as formas. Na Mercadolivre.com, os interessados precisam cadastrar-se, para, em seguida, colocar seus produtos à venda, mediante o pagamento de uma tarifa de anúncio[28] A venda de seus produtos pode ser a preço fixo ou em forma de leilão. Como não existe estoque, não há centro distribuidor mas, de acordo com o art. 75, § 2.º, do CC/2002, deve existir um escritório (filial) aqui no Brasil.

Mamede também diferencia o ponto virtual do estabelecimento virtual, afirmando que o mais freqüente é o ponto ser virtual:

> O estabelecimento não é virtual: é em geral real e sempre, por exigência legal, escriturado. Aliás, é comum que um mesmo estabelecimento faça atendimento presencial e por meio eletrônico [...]. Não há, percebe-se facilmente, um estabelecimento virtual; há, isso sim, um ponto empresarial eletrônico, que corresponde a um número telefônico ou a um endereço eletrônico, seja para mensagens, seja para navegação pela world wide web (www). Isso, porém, não afasta a possibilidade da existência do estabelecimento virtual, sem base física. Seria a hipótese de uma empresa que negocia seus bens

[26] Com um investimento de R$ 12 milhões, o centro possui 8 mil m² de área, com capacidade para armazenar mais de 400 mil produtos em estoque e conta com mais de 12 km de prateleiras.

[27] A Companhia iniciou suas atividades em 2 de agosto de 1999 e expandiu-se para diversos países, como Argentina, Brasil, Colômbia, Espanha e Estados Unidos Em maio de 2000, incluiu os seguintes sócios: Goldman Sachs, Fondo CRI Banco Santander Central Hispano e GE Equity. Em outubro de 2001, a eBay, empresa de compras e vendas pela Internet do mundo, tornou-se a principal acionista da Companhia e ambas as empresas tornaram-se sócias para todo o continente latino-americano (www.mercadolivre.com.br/brasil/ml/org_theme.p_main?as_theme-id=PRESS).

[28] A comissão de venda só será cobrada se suas vendas tiverem êxito.

ou serviços apenas pela internet, sem estoques próprios [...] [grifo nosso] (2004, p. 254).

Ainda que o ponto seja virtual, haverá o aviamento ou fundo de empresa, de forma que o preço do negócio jurídico será superior à soma dos elementos que compõem o estabelecimento. Se o estabelecimento tem website bem divulgado, com alto número de acessos, disponibiliza toda a trajetória do pedido, possui compromisso de entrega, divulga diversas informações exatas sobre seus produtos, tem sistema de segurança para transmissão de dados, terá valor agregado ao conjunto de bens materiais e imateriais.

Toda vez que o ponto empresarial for virtual, não se aplicará o disposto no art. 51 da Lei de Locações, ou seja, o titular do estabelecimento não será protegido pela ação renovatória, ainda que presentes os requisitos analisados acima, no item 1.3.2.3. Isto se explica porque, nesse caso, como o ponto não é freqüentado pelos clientes, torna-se irrelevante a sua proteção.

A legislação pátria não possui dispositivo que regule, especificamente, o comércio eletrônico,[29-30-31] razão pela qual a venda realizada em estabe-

[29] Garcia aponta vários projetos de lei sobre contratos eletrônicos, a exemplo de PLS 672/1999, PL 1.589/1999; e PL 4.906/2001, concluindo que: "[...] podemos perceber que, ao contrário do que alguns afirmam, o Brasil não se encontra numa situação de inércia legislativa referente ao tema dos documentos eletrônicos e das negociações celebradas por meio da rede mundial de computadores. *A contrario sensu*, há todo um esforço do Poder Legislativo para regulamentar a matéria e, com isso, inserir nosso país no rol daqueles cujas situações jurídicas decorrentes das transações eletrônicas encontram-se amparadas e regradas pelo ordenamento jurídico, proporcionando ao Judiciário atingir sua finalidade maior, que é a correta prestação jurisdicional a todos os casos concretos levados a sua apreciação" (2002, p. 5).

[30] O PL 4.906/2001 (BRASIL/CÂMARA, 2001), que dispõe sobre o comércio eletrônico, teve como último andamento, em 26 de agosto de 2002, a determinação de que fosse a ele apensado o PL 7.093/2002 (BRASIL/CÂMARA, 2002), sendo que este dispõe sobre a correspondência eletrônica comercial, conforme consulta ao *site* da Câmara dos Deputados.

[31] Segundo Cunha Júnior: "A Medida Provisória n. 2.200-2/2001 instituiu a Infra-Estrutura de Chaves Públicas Brasileira – ICP-Brasil, com o objetivo de 'garantir a autenticidade, a integridade e a validade jurídica de documentos em forma eletrônica, das aplicações de suporte e das aplicações habilitadas

lecimento com ponto virtual está sujeita aos mesmos princípios e regras dos demais contratos, inclusive os que têm origem no Código de Proteção e Defesa do Consumidor.

1.4 Passivo do estabelecimento empresarial

O estabelecimento empresarial pode ser usado como garantia de credores, pois integra o patrimônio do empresário, estando a sua alienação sujeita à observância de cautelas específicas, com o intuito de garantir o interesse desses credores.

O art. 1.144 determina que a alienação, arrendamento ou usufruto do estabelecimento só produza efeitos quanto a terceiros, após a averbação do respectivo contrato "à margem da inscrição do empresário, ou da sociedade empresária, no Registro Público de Empresas Mercantis, e de publicação na imprensa oficial". Tal artigo teve inspiração no art. 2556 do Código Civil italiano,[32] que estabeleceu a obrigação de inscrever no registro

que utilizem certificados digitais, bem como a realização de transações eletrônicas seguras'. Previu a MP 2.200 (terceira versão) a composição por uma autoridade gestora de políticas e pela cadeia de autoridades certificadoras. Esta cadeia consiste na existência de uma Autoridade Certificadora Raiz – AC Raiz, pelas Autoridades Certificadoras – AC e pelas Autoridades de Registro – AR. Trata-se de uma estrutura ramificada (*em árvore*), em que a AC Raiz funciona como uma espécie de cartório virtual, que certifica as AC de nível imediatamente abaixo ao seu. [...]. As AC são as entidades que efetivamente certificam os usuários, atestando a identidade de quem gerou um documento, bem como a integridade do respectivo documento, presumindo-se verdadeiros em relação a quem os assinou digitalmente. Além da criação da ICP-Brasil e da validade dos documentos produzidos no âmbito da mesma, a MP 2.200 previu a possibilidade da existência de qualquer outro meio (extra ICP-Brasil) para a comprovação da autoria e integridade de documentos na forma eletrônica, inclusive os que utilizem certificados não emitidos pela ICP-Brasil, *desde que admitido pelas partes como válido* ou aceito pela pessoa a quem for oposto o documento (o chamado princípio do não-repúdio, como uma espécie de *pacta sunt servanda* entre os interessados)" [grifos do autor] (2003, p. 1-2).

[32] "Art. 2556. Imprese soggette a registrazione. Per le imprese soggette a registrazione i contratti che hanno per oggetto il trasferimento della proprietà o il godimento dell'azienda devono essere provati per iscritto, salva l'osservanza delle forme stabilite dalla legge per il trasferimento dei singoli beni che com-

das empresas, no prazo de 30 dias, os contratos que versem sobre alienação ou desfrute do estabelecimento.

Por meio do registro dos contratos de alienação, arrendamento ou usufruto, busca o legislador garantir a publicidade da alteração na titularidade do estabelecimento perante terceiros. O registro e a publicação não são pressupostos de validade do negócio jurídico, mas de eficácia perante terceiros. Assim, mesmo sem registro e publicação, o negócio será válido, de forma a vincular as partes.

Já o art. 1.145 do CC/2002 estabelece que, caso o alienante não tenha bens suficientes para solver o seu passivo, dependerá do pagamento a todos os credores, ou do consentimento, expresso ou tácito, destes, em trinta dias a partir de sua notificação para que se opere a eficácia da alienação do estabelecimento. O consentimento do credor, expresso ou tácito,[33] constitui renúncia à proteção legal de seu crédito, que deixará de estar vinculado ao patrimônio do estabelecimento transferido. Vale ressaltar que a renúncia só poderá atingir direito disponível, não alcançando, por exemplo, o crédito alimentar e fiscal.

O empresário somente estará dispensado de promover, quando da alienação do estabelecimento empresarial, a anuência dos credores se, e somente se, tiver em seu patrimônio bens restantes suficientes para a solvência do passivo da sociedade empresária.

O art. 1.146 do Código Civil em vigor[34] amplia a proteção genérica às obrigações não solvidas no período anterior à sucessão, da seguinte forma:

> O adquirente do estabelecimento responde pelo pagamento dos débitos anteriores à transferência, desde que regularmente contabilizados, continuando o devedor primitivo solidariamente obrigado

pongono l'azienda (1350) o per la particolare natura del contratto. I contratti di cui al primo comma, in forma pubblica o per scrittura privata autenticata, devono essere depositati per l'iscrizione nel registro delle imprese, nel termine di trenta giorni, a cura del notaio rogante o autenticante."

33 O consentimento será tácito quando, após notificação para manifestar-se sobre a alienação, no prazo de 30 dias, o credor permanecer em silêncio.

34 Este dispositivo constava do projeto do Código de Obrigações, de autoria de Caio Mário da Silva Pereira, na parte I, art 172 e §§ 1.º e 2.º, sendo que, em vez de exigir o registro do débito na contabilidade, exigia que a operação fosse pública, com anúncios em jornal oficial ou de grande circulação.

pelo prazo de um ano, a partir, quanto aos créditos vencidos, da publicação, e, quanto aos outros, da data do vencimento.

Assim, para garantia de terceiros, o legislador constituiu o adquirente como coobrigado pelas obrigações decorrentes da exploração do estabelecimento. Trata-se, portanto, de sucessão *ex lege*, que ocorrerá de forma imediata, desde que os débitos estejam contabilizados, independentemente da aquiescência dos credores, sendo que o devedor primitivo continuará vinculado pelo prazo de um ano, a contar da publicação, para os créditos vencidos, ou data do vencimento, para os demais.

Trata-se de solidariedade subjetiva entre o adquirente e o transmitente do estabelecimento por todas as dívidas que estejam devidamente contabilizadas. As obrigações são transferidas para o sucessor, embora pelo prazo de um ano o sucedido continue solidariamente obrigado. As dívidas que não foram contabilizadas incidirão na hipótese do art. 1.145 acima citado.

O estabelecimento, mesmo fazendo parte do patrimônio do adquirente, continua vinculado ao cumprimento das obrigações do transmitente, exercendo a função de garantia genérica das obrigações empresariais. Assim, forma-se um vínculo objetivo pelo qual o patrimônio da empresa, ainda que já transferido para o sucessor, permanece vinculado às obrigações decorrentes da atividade empresarial.

Corresponde este dispositivo (art. 1.146) ao artigo 2560 do Código Civil italiano de 1942, que estabelece, na hipótese de trespasse do estabelecimento, a responsabilidade do adquirente pelas dívidas decorrentes da exploração do estabelecimento, desde que devidamente registradas nos livros contábeis, sendo que o alienante continua responsável pelos débitos constituídos no período anterior à transferência, quando os credores não tenham dado seu consentimento à cessão.

1.5 Ativo do estabelecimento empresarial

O artigo 2558[35] do Código Civil italiano de 1942 estabelece que, salvo convenção em contrário, o adquirente, o usufrutuário ou o arrendatário sucedem nos contratos para exploração do próprio estabelecimento,

[35] "Art. 2558 Successioni nei contratti. Se non è pattuito diversamente, l'acquirente dell'azienda subentra nei contratti stipulati per l'esercizio dell'azienda stessa che non abbiano carattere personale."

desde que não tenham caráter pessoal. O estabelecimento atrai os direitos de crédito, como os contratos de seguro, trabalho e fornecimento de mercadorias.

Assim, resta nítida a inspiração do legislador brasileiro ao estabelecer no art. 1.148 do Código Civil de 2002 que, salvo estipulação em contrário, a transferência importa a sub-rogação do adquirente nos contratos voltados para a exploração da atividade empresarial, caso não tenha caráter pessoal.

Assim, a transferência do estabelecimento abrange os contratos referentes à sua exploração, nos quais se sub-rogará ao adquirente do estabelecimento empresarial. Haverá, portanto, sucessão nos contratos, que passará a integrar o patrimônio do adquirente, juntamente com o estabelecimento.

Barreto Filho, mesmo antes do Código Civil de 2002, já defendia a sucessão nos contratos de trato sucessivo:

> A sucessão do adquirente nas obrigações do antigo titular do fundo se justifica plenamente nos contratos de execução ou trato sucessivo, nos quais a duração ou continuidade da obrigação é querida por ambas as partes contratantes, como acontece nas hipóteses atrás assinaladas (locação, fornecimento etc.) (1969, p. 228).

Estabelece, ainda, o referido art. 1.148 que terceiros poderão recusar a sub-rogação do adquirente, mediante a rescisão do contrato, em 90 dias contados a partir da publicação da transferência, desde que, com justa causa, ressalvada a responsabilidade do alienante.

O artigo 1.149 do Código Civil em vigor determina que a cessão dos créditos decorrentes ao estabelecimento transferido produzirá efeito em relação aos seus devedores desde a publicação da transferência, sendo que, se o devedor, de boa-fé, pagar ao cedente, ficará exonerado da dívida. Mais uma vez, o dispositivo brasileiro sofreu influência do Código Civil italiano de 1942, que em seu artigo 2559[36] também determina que a cessão dos cré-

[36] "Art. 2559 Crediti relativi all'azienda ceduta. La cessione dei crediti relativi all'azienda ceduta, anche in mancanza di notifica al debitore o di sua accettazione, ha effetto, nei confronti dei terzi, dal momento dell'iscrizione del trasferimento nel registro delle imprese. Tuttavia il debitore ceduto è liberato se paga in buona fede all'alienante. Le stesse disposizioni si applicano anche nel caso di usufrutto dell'azienda, se esso si estende ai crediti relativi alla medesima."

ditos relativos à exploração do estabelecimento produzirá efeitos perante terceiros, desde o momento de sua inscrição no registro das empresas, ficando liberado o devedor que pagar de boa-fé ao alienante.

Dessa forma, se presume a transferência dos créditos decorrentes da exploração do estabelecimento ao adquirente, o que se revela coerente e justo, já que está coobrigado pelos débitos.[37]

[37] Para a cessão de créditos, devem ser observados os arts. 286 a 298 do Código Civil em vigor. Não haverá cessão, por exemplo, se a isso se opuser a natureza da obrigação, a lei ou a convenção com o devedor; só poderá ser oposta ao cessionário de boa-fé se constar no respectivo instrumento.

Capítulo 2

ESTABELECIMENTO EMPRESARIAL: OBJETO DE NEGÓCIO JURÍDICO

O estabelecimento empresarial, como objeto de direito, pode figurar em diversos negócios jurídicos,[1] a exemplo daqueles que tenham por destinação a transferência de titularidade da esfera patrimonial de um sujeito para a de outro, ou em que apenas ocorra a transferência do direito de uso ou de gozo a outrem.[2]

Para elucidar esses tipos de negócios, esta pesquisa analisará a seguinte classificação: (i) negócios de alienação *inter vivos* a título oneroso (trespasse, permuta e dação em pagamento) ou a título gratuito (doação); (ii) negócios de gestão para fim de desfrute (arrendamento, usufruto e comodato) ou de garantia (penhor); (iii) negócios de alienação *mortis causa* (sucessão legítima ou testamentária).

2.1 Negócios de alienação *inter vivos*

2.1.1 Trespasse

O estabelecimento empresarial, como bem patrimonial que é, poderá ser objeto de negócio jurídico pelo qual será transferido pelo titular a outrem, a título oneroso e definitivo. Muito se discutiu sobre a correta nomenclatura para identificar a transferência do estabelecimento em caráter definitivo, visto se tratar de um negócio jurídico atípico, por envolver, simultaneamente, coisas de diversas naturezas.

Como bem assinala Leite, além dos bens móveis e imóveis que são objeto de direito real unitário, poderão fazer parte da transferência do estabelecimento empresarial direitos de outra natureza:

[1] Cf. capítulo 1 desta obra.

[2] Neste trabalho, serão adotadas, quando se tratar de transferência do estabelecimento, seja a que título for, as expressões transferente ou transmitente (antigo titular) e transferido ou transmitido (novo titular).

> [...] como direito ao uso exclusivo de nome comercial, de marca, direitos relativos ao gozo temporário de bens de outrem (arrendamento de locais para o exercício do comércio), à prestação de serviços (contratos de trabalho pessoal), ao fornecimento continuado de matérias primas ou mercadorias, ou ao fornecimento à freguesia (contratos de fornecimento), e ainda, relações de mero fato, como a existente com fornecedores e fregueses não ligados por vínculos contratualmente estáveis, a fama adquirida no ambiente comercial e outros: elementos que não podem agrupar-se no conceito de universalidade de coisas, mas que devem conter-se na transferência do estabelecimento, se quer conseguir-se o intento econômico desejado que é a continuação do exercício, desfrutando a situação econômica já adquirida. (1982, p. 20).

Resta evidente, portanto, que o estabelecimento não é composto, apenas, por coisas materiais, mas também por direitos, como o decorrente da obrigação de não-concorrência (direito do adquirente de que o transmitente não fará concorrência ao estabelecimento transferido), razão pela qual não se pode denominar a transferência do estabelecimento de "compra e venda", sob pena de enquadramento incorreto, visto que tal negócio jurídico decorre de transferência de domínio de coisa certa, consoante anuncia o art. 481 do CC/2002.

A transferência do estabelecimento também não se limita ao conceito de "cessão",[3] já que não representa, apenas, a transferência de direitos, mas, também, de coisas corpóreas integrantes do complexo, não representando, portanto, todos os aspectos do negócio jurídico.

Utilizar a expressão alienação[4] também não define a transferência do estabelecimento a título oneroso e definitivo, pois alienação é o gênero do qual decorrem espécies como troca, compra e venda, doação etc.

[3] De acordo com Silva, cessão "[...] na técnica jurídica, é mais propriamente indicado para assinalar o contrato, a título oneroso, ou gratuito, pelo qual a pessoa, titular de créditos ou de direitos, transfere a outra esses mesmos créditos ou esses mesmos direitos, com abstração das coisas sobre que recaem. [...] E embora não se diga cessão para a transferência de bens imobiliários, pode esta dar-se para os direitos que incidem sobre eles, tais como hipotecas, penhores, arrendamentos, anticrese, desde que o contrato incida, realmente, sobre o *crédito* ou o *direito* que se tem, não sobre a coisa em si. [...] [grifos do autor]" (2003, p. 283).

[4] "[...] é o termo jurídico, de caráter genérico, pelo qual se designa todo e qualquer ato que tem o efeito de transferir o domínio de uma coisa para outra pessoa, seja por venda, por troca ou por doação. Também indica o ato por que se cede ou transfere um direito pertencente ao cedente ou transferente [...]" (SILVA, 2003, p. 94).

Trespasse, traspasse ou trespasso, segundo Houaiss, significa "[...] transferência do contrato de locação ou arrendamento, ou de estabelecimento comercial, a outrem" (2004, p. 2.756). Também Silva define traspasse como "[...] o ato por que se transfere a outrem o direito que se tem sobre a coisa, com a passagem de todas as vantagens e respectivas obrigações [...]" (2003, p. 1.428).

Assim, pelo significado da palavra "trespasse", depreende-se que qualquer negócio jurídico decorrente da transferência do estabelecimento empresarial poderá ser denominado de trespasse. É esse, inclusive, o entendimento de Magalhães (1951, p. 219), que admite como trespasse a transferência do estabelecimento a qualquer título, tanto oneroso quanto gratuito.

Ocorre que a maioria dos doutrinadores (MENDONÇA, 1956, p. 154;[5] BARRETO FILHO, 1969, p. 208;[6] LEITE, 1982, p. 25; BULGARELLI, 2000, p. 336; COELHO, 2002a, p. 116; CARVALHOSA, 2003, p. 632) define o contrato de alienação, oneroso e definitivo, como trespasse. Endossando o entendimento de Leite, segue abaixo a sua transcrição parcial:

> O termo que melhor signifique o negócio jurídico de transferência onerosa do estabelecimento comercial não deve significar, também, pelo menos no seu uso correntio, negócio outro, pois isso terá como resultado empobrecimento do entendimento [...]. Não ignoro que trespasse, trespasso ou traspasse, não são termos filtrados de significação diversa. Os dicionários bem o dizem, mas são menos difundidas as significações paralelas e, além disso, o trabalho da doutrina tem divulgado as palavras como significativas da transferência do estabelecimento comercial, se bem que no Brasil a título de alienação e em Portugal a qualquer título. É conveniente que os nomes

[5] J. X. Carvalho de Mendonça defende que a venda do estabelecimento, vulgarmente conhecida como *traspasso*, é denominada, também, de *cessão* do estabelecimento, pois, entre os seus elementos, compreendem-se alguns imateriais, sendo preferível – ao contrário do entendimento de Barreto Filho – a expressão *venda*, visto que a palavra *cessão* refere-se propriamente à transferência de direitos.

[6] Barreto Filho afirma que, no direito brasileiro, denomina-se *trespasse*, especificamente, a transferência do estabelecimento que se opera por efeito de *venda* ou *cessão*, esclarecendo que é preferível empregar o termo *cessão*, já que a *venda* se refere à transferência do domínio das coisas corpóreas. A presente pesquisa discorda desta posição, na medida em que defende ser inconcebível a utilização do termo *cessão* para transferência do estabelecimento.

> jurídicos designem objetos com o máximo possível de restrição, já que muitas vezes não tem a palavra, ou a expressão, conteúdo que determine a compreensão de um só conceito, como seria conveniente para que às ideias (sic) correspondessem com precisão o veículo de sua manifestação. [...] O trespasse, trespasso, ou traspasso na acepção que a doutrina lhes vem dando, tem a abrangência de alienação do complexo constitutivo do estabelecimento [...]. Não é ideal essa denominação (ou essas denominações) do negócio que tem por objeto a transferência onerosa da titularidade do estabelecimento comercial, por falta de univocidade rigorosa, mas tem, a seu favor, a conveniência de não estar difundida como, principalmente, nome de outro negócio jurídico bem delineado pelos doutos e pelos comuns, como ocorre como a "venda e compra" e a "cessão" [grifos do autor] (1982, p. 22-24).

O Código Civil de 2002, no Título III, ao tratar sobre o estabelecimento, utiliza as expressões "alienação" (arts. 1.444 e 1.145) e "transferência" (arts. 1.146, 1.147, 1.148 e 1.149), sem contudo fazer uso da expressão "trespasse".[7] Portanto, este termo não foi incorporado à legislação, resultando de construção doutrinária.

De qualquer modo, a expressão "trespasse do estabelecimento" deve ser aplicada ao negócio jurídico que envolva a transferência do complexo unitário de elementos voltados ao exercício da atividade empresarial, a título oneroso, *inter vivos* e definitivo, ou seja, deve ser utilizada para designar a "compra e venda" do estabelecimento.[8]

2.1.1.1 Promessa de trespasse e a sua modalidade opção

É importante refletir sobre a possibilidade de prometer trespassar um estabelecimento, ou seja, se o trespasse do estabelecimento poderá ser precedido de promessa de contratar, com o objetivo de outorgar futuro contrato definitivo.

Esta pesquisa admite, assim como a maioria dos doutrinadores (MAGALHÃES, 1951, p. 244; BARRETO FILHO, 1969, p. 235), a realiza-

[7] O Código Civil atual absteve-se de denominar a transferência do estabelecimento empresarial de "compra e venda" ou "cessão".

[8] Serão utilizadas as expressões: trespassante (antigo titular, que transfere seu estabelecimento) e trespassário (quem adquire o estabelecimento).

ção de promessa de trespasse quando existirem obstáculos que dificultem ou impeçam a imediata assinatura do contrato definitivo. Tal promessa figura como um contrato preliminar, também denominado pré-contrato, por meio do qual as partes se obrigam à realização de outro contrato, se forem cumpridas as previsões pactuadas, o que pode ocorrer, por exemplo, quando uma empresa (promitente-trespassário) decide comprar determinada rede de farmácias (promitente-trespassante), mas não seja possível compor imediatamente o preço, por não se saber ao certo quanto é o passivo da empresa alienante, condicionando a efetivação do trespasse ao levantamento desse passivo.

O Código Civil de 2002 inovou ao dispor sobre o contrato preliminar (arts. 462 a 471), estabelecendo que o mesmo deverá conter todos os requisitos essenciais do contrato a ser celebrado, exceto quanto à forma. Caso não contenha cláusula de arrependimento, qualquer uma das partes terá direito de exigir a celebração do contrato definitivo, pactuando prazo para que a outra parte o efetive. Esgotado o prazo, o juiz poderá prescindir da vontade do inadimplente, a pedido do interessado, conferindo o caráter de definitivo ao contrato preliminar, se a isto não se opuser a natureza da obrigação.

A fonte de inspiração da codificação civil pátria em vigor, mais uma vez, foi o Código Civil italiano de 1942, que, em seu artigo 1351,[9] determina ser o contrato preliminar nulo caso não seja feito da mesma forma que a lei prescreve para o contrato definitivo. E, mais adiante, no artigo 2932,[10] estabelece que, se o obrigado a celebrar o contrato não cumprir a obrigação,

[9] "Art. 1351 Contratto preliminare. Il contratto preliminare è nullo (1421 e seguenti), se non è fatto nella stessa forma che la legge prescrive per il contratto definitivo (2932)."

[10] "Art. 2932 Esecuzione specifica dell'obbligo di concludere un contratto. Se colui che è obbligato a concludere un contratto non adempie l'obbligazione, l'altra parte, qualora sia possibile e non sia escluso dal titolo, può ottenere una sentenza che produca gli effetti del contratto non concluso (2908).

Se si tratta di contratti che hanno per oggetto il trasferimento della proprietà di una cosa determinata o la costituzione o il trasferimento di un altro diritto, la domanda non può essere accolta, se la parte che l'ha proposta non esegue la sua prestazione (1208 e seguenti) o non ne fa offerta nei modi di legge, a meno che la prestazione non sia ancora esigibile (artt. 246)".

a outra parte, quando possível, e não excluída do título a faculdade, poderá obter sentença que produza os efeitos do contrato não concluído.[11]

Em vez de realizar o pré-contrato para trespasse do estabelecimento, os interessados podem dar preferência ao contrato de opção, no qual a pretensão ao contrato é substituída pelo direito formativo gerador, a favor do outorgado (MIRANDA, 2001, p. 444).

Essa promessa unilateral de vender com a modalidade "opção" é muito utilizada, conforme entendimento abaixo transcrito:

> A opção é comumente utilizada na prática mercantil, quando o titular do estabelecimento se compromete a vendê-lo a pessoa determinada, mediante preço e condições prefixadas, e dentro de certo prazo. O promitente fica adstrito à obrigação de vender, ao passo que a outra parte fica livre de realizar ou não o contrato. Por força da opção, em lugar da pretensão ao contrato (característica da promessa bilateral) se estabelece, em favor do outorgado, direito formativo gerador (BARRETO FILHO, 1969, p. 236).

2.1.1.2 Configuração do trespasse: elementos necessários

Para definir quais os elementos indispensáveis à transferência do estabelecimento, a fim de caracterizar o trespasse, consideram-se aqueles que permitam a continuidade da atividade empresarial. Para o trespassário, o importante é a fruição da unidade econômica.

O trespasse representa, então, a transmissão global dos elementos corpóreos e incorpóreos do estabelecimento, o que não impede a exclusão de alguns deles, desde que a unidade não seja rompida, possibilitando a continuidade das atividades empresariais.[12]

[11] Segundo Leite (1982, p. 54-55), a inspiração do CC/2002 está não só no Código Civil italiano mas também no Código Suiço das Obrigações. Este último, em seu artigo 22, declara que pode ser assumida contratualmente a obrigação de realizar convenção futura, mas se a lei subordinar a validade do contrato a certa forma, ela se aplica também à promessa de contratar.

[12] Segundo Almeida e Canha (1993, p. 32-36 passim) é muito difícil, *a priori*, definir quais os elementos necessários para que determinada atividade empresarial possa se afirmar como tal. Importará verificar o tipo de atividade desenvolvida, o tipo de bens ou serviços, a localização, entre outros. Assim, esse

É muito freqüente, no trespasse, a realização de inventário físico dos elementos que compõem o estabelecimento, para que, após a sua individuação, sejam relacionados os bens a serem transferidos. Caso as partes pactuem o trespasse sem qualquer reserva, resultará na transferência de todos os bens que compõem o estabelecimento.[13-14]

Se a transferência do estabelecimento não contiver elementos suficientes para que se possa afirmar que ocorreu o trespasse, tal exclusão de elementos constituirá indício de que as partes não quiseram negociar o estabelecimento, ou que, apesar da precariedade, realmente quiseram realizar o trespasse.

Na primeira hipótese, se as partes retiraram alguns elementos essenciais com o intuito de camuflar a transferência do estabelecimento, restará configurada a simulação do trespasse e, por conseqüência, o negócio jurídico poderá ser nulo, subsistindo o que se dissimulou, se válido for, na substância e na forma, como determina o art. 167 do Código Civil em vigor.[15-16] Já na segunda hipótese, o trespassário poderá requerer a resolução do negócio, com a devolução do que foi pago, ou a

âmbito pressupõe a presença de um conjunto de elementos adequado a projetar no público a imagem de empresa, ou seja, "projetar os valores de organização e de exploração que verdadeiramente indiciam o estabelecimento como bem".

13 Também denominado comumente, no meio empresarial, de transferência "de portas fechadas".

14 Ferreira escreve que: "Quando o trespasso se dá, como se diz na gíria comercial – de portas fechadas, entende-se compreender a integralidade do estabelecimento – ativo e passivo, ou seja, com a totalidade de seus elementos constitutivos. Dá-se, nesse caso, o que se chama de sucessão comercial. Desaparece o proprietário do estabelecimento, que se faz substituir pelo adquirente" (1952, p. 411).

15 "Art. 167. É nulo o negócio jurídico simulado, mas subsistirá o que se dissimulou, se válido for na substância e na forma [...]."

16 Destaca Leite (1982, p. 43) que: "O negócio jurídico está fundado na presunção de boa-fé, pelo que, em se tratando de trespasse, poderá ele ser vulnerado pelos defeitos previstos na lei, como o erro, o dolo, a coação, a simulação, do que poderá resultar a anulação do ato [...], mas para que do defeito decorra a conseqüência enérgica da anulação do ato deverá aquele ter a intensidade prevista na lei (Cód. Civ., artigos 86 e seguintes)." Vale ressalvar que os dispositivos citados pelo autor referem-se ao Código Civil de 1916, sendo que o art. 86 corresponde ao art. 138 do CC/2002.

execução específica do contrato e/ou reivindicação da entrega total do estabelecimento.

Embora possam ser excluídos alguns elementos do estabelecimento, os necessários para a constituição do aviamento não podem ser excluídos, pois é necessário transmitir o negócio, sua organização e exploração. Para tanto, há que se transferir os elementos suficientes para garantir a continuidade, pelo adquirente, do exercício da atividade empresarial, no mesmo ramo.

O aviamento é um elemento indispensável para a efetivação do trespasse, pois sem ele haverá apenas a transferência de um amontoado de bens. Isto porque o estabelecimento é caracterizado pela existência do aviamento, o qual não poderá circular de forma autônoma.

Outro elemento muito freqüente na efetivação do trespasse é o imóvel, por sua capacidade de exprimir e transportar o valor da empresa. O adquirente não precisa ser o proprietário, mas sim dispor do imóvel, seja a que título for, como no usufruto ou locação. Entretanto, não representa elemento indispensável, já que poderá ocorrer trespasse sem tansferência do imóvel, por conveniência das partes, ou mesmo nos casos em que o imóvel não faz parte do estabelecimento, como no comércio ambulante ou no estabelecimento com ponto virtual.[17]

Existem elementos secundários que revelam a intenção das partes em transferir o estabelecimento, tais como certas atitudes do transmitente: a entrega da relação dos clientes e o envio de correspondência anunciando o adquirente aos clientes.

[17] Afirmam Almeida e Canha que: "Embora os elementos do lastro ostensivo, de cuja transmissão depende a transmissão do estabelecimento, não possam ser definidos, como se disse, *a priori*, todavia, se existe um elemento que, tal a sua persistência nas transmissões, se pode dizer quase sempre transmitido, esse elemento é o imóvel em que o estabelecimento se encontra instalado [...] o imóvel, enquanto valor periférico ou externo da empresa, é, sem dúvida, o elemento com maior capacidade para, na generalidade dos casos, sensibilizar, exprimir e transportar o valor de posição da empresa. [...] sempre que os restantes elementos transmitidos tenham capacidade para projectarem no público a imagem da empresa [...] o imóvel poderá ser excluído na negociação do estabelecimento sem que, por tal facto, fique descaracterizada essa negociação" (1993, p. 38-39).

Se não estiver expressamente pactuada a cessão da marca, ainda assim tal transferência será presumida, pois que acompanha o estabelecimento, já que representa o seu nome.[18-19]

Acerca do tema, ressalta Barreto Filho[20] que a cessão da marca condicionada à transferência do estabelecimento "visa proteger o público contra erro ou engano quanto à procedência dos produtos, e encontra fundamento no princípio geral de repressão à concorrência desleal" (1969, p. 213).

O artigo 2573 do Código Civil italiano[21] determina que o direito exclusivo ao uso da marca registrada só pode ser transferido com o estabelecimento ou com ramo particular deste. Na hipótese da marca ser constituída por um sinal figurativo, por um nome de fantasia ou firma derivada, presumir-se-á que o direito ao uso exclusivo da marca será transferido juntamente com o estabelecimento.

O trespasse não restará configurado se a atividade empresarial desenvolvida pelo alienante for alterada ou se o adquirente a comprou para eliminar a concorrência ou destruir um vizinho incômodo. Isso porque o trespasse pressupõe a continuidade (ou pelo menos a sua intenção) da mesma atividade já desenvolvida no antigo estabelecimento empresarial.

E se o alienante possuir vários estabelecimentos e decidir vender apenas um deles? Neste caso, também haverá trespasse, mas parcial, pois, embora a transmissão não seja de todo o estabelecimento, a parte que foi transferida contém todos os elementos necessários para que o adquirente possa continuar exercendo o mesmo ramo de atividade empresarial.

[18] Lei 9.279, de 14 de maio de 1996, art. 134: "O pedido de registro e o registro poderão ser cedidos, desde que o cessionário atenda aos requisitos legais para requerer tal registro".

[19] Sobre marcas, ver Campinho, 2004, p. 334-340.

[20] Este autor (p. 216) classificou como "injurídica" a revogação do Decreto-lei 7.903, de 27 de agosto de 1945 (antigo Código da Propriedade Industrial), pelo Decreto-lei 254/1967, que permitiu a livre cessão da marca.

[21] "Art. 2573 Trasferimento del marchio. Il marchio può essere trasferito o concesso in licenza per la totalità o per una parte dei prodotti o servizi per i quali è stato registrato, purché in ogni caso dal trasferimento o dalla licenza non derivi inganno in quei caratteri dei prodotti o servizi che sono essenziali nell'apprezzamento del pubblico."

Assim, não há como argumentar que, na hipótese acima, não ocorre o trespasse, porque o empresário não desaparece da atividade empresarial,[22] já que não é necessário o abandono da sua atividade para configurar a transferência do estabelecimento mas apenas que não exerça a mesma atividade por um período determinado e em área capaz de concorrer com o adquirente (obrigação de não-concorrência).

Em Portugal, o artigo 115.º do Regime do Arrendamento Urbano (RAU), ao regular a transmissão da posição de arrendatário, define quando não haverá trespasse:

> Artigo 115 [...]
>
> 2 – Não há trespasse:
>
> a) Quando a transmissão não seja acompanhada de transferência, em conjunto, das instalações, utensílios, mercadorias ou outros elementos que integram o estabelecimento;
>
> b) Quando, transmitido o gozo do prédio, passe a exercer-se nele outro ramo de comércio ou indústria ou quando, de um modo geral, lhe seja dado outro destino.
>
> 3 – O trespasse deve ser celebrado por escrito sob pena de nulidade (SOUSA, 2001, p. 331[23]).

Diante da inexistência de uma teoria legal apropriada à sua natureza, o trespasse deve ser regido por disposições reguladoras dos contratos em geral e pelos preceitos que regulam as figuras jurídicas nele incluídas (compra e venda das coisas corpóreas, mobiliárias e imobiliárias e cessão quanto aos créditos).

[22] Ferreira entende que "quando o comerciante vende apenas parte de seu estabelecimento, porque se desfaça de uma de suas secções, a situação é, realmente, diversa do trespasso do estabelecimento. Assim, também quando transfere filial, aliêna sucursal ou céde sua agência. Em casos tais, êle não desaparece da atividade mercantil. Nem do cenário jurídico. Continúa operando. Permanece à testa de seu negócio" (1952, p. 417).

[23] Segundo Sousa (2001, p. 331-332), o trespasse representa uma *cedência* (alienação) definitiva do estabelecimento comercial ou industrial ao cessionário, sendo o arrendamento um dos elementos mais valiosos, razão pela qual deve-se sempre presumir que o direito ao arrendamento está incluso no trespasse, desde que o estabelecimento seja instalado em prédio arrendado.

Da mesma forma, Barreto Filho afirma que, diante da falta de disciplina legal específica, no sistema jurídico pátrio, sobre os efeitos jurídicos do trespasse, a construção de sua dogmática deve apoiar-se na teoria geral das obrigações, sem esquecer as peculiaridades decorrentes da unidade funcional do estabelecimento (1969, p. 221).

2.1.1.3 Trespasse e transferência de quotas ou ações

A transmissão do estabelecimento empresarial por meio da aquisição das quotas ou ações de uma sociedade não configura trespasse, visto que o estabelecimento continuará pertencendo à mesma sociedade, que passará para o domínio do adquirente das cotas ou ações. Muito menos se poderá cogitar de trespasse nas hipóteses de simples saída ou troca de sócios ou acionistas.

A alienação de quotas ou do controle acionário resultará em alteração do controle da sociedade à qual pertencia o estabelecimento, ou seja, a composição societária mudará, mas a sociedade permanecerá a mesma. Entretanto, nesta hipótese, também ocorrerá a transferência do estabelecimento, pois, ao transferir todo o controle acionário ou quotas sociais, seguirá, junto, todo o patrimônio da empresa.

Trespasse e cessão de quotas sociais de sociedade limitada ou alienação de controle de sociedade anônima são institutos jurídicos distintos, embora com efeitos econômicos idênticos, na medida em que são meios de transferência da empresa.

No trespasse, o estabelecimento empresarial passa do patrimônio do alienante para o do adquirente, tendo como objeto da venda o complexo de bens corpóreos e incorpóreos envolvidos com a exploração de uma atividade empresarial. Já na cessão de quotas ou venda do controle acionário, o estabelecimento não muda de titular, continuando a pertencer à sociedade empresária, pois o objeto de venda é a participação societária (COELHO, 2002a, p. 116-117).

2.1.2 Alienação a título gratuito: doação

A doação, na forma do art. 538 do CC/2002, é o contrato em que uma pessoa, por liberalidade, transfere bens ou vantagens de seu patrimônio para o de outro, que os aceita. Com o contrato, o doador assume a obrigação de transferir, ao donatário, o objeto da doação.

Na hipótese de ser o estabelecimento empresarial o objeto, o doador deverá transmiti-lo ao donatário com o complexo de bens e direitos que o compõe, no momento da doação. Tal modalidade de contrato poderá ser realizada por instrumento público ou particular, na forma do art. 541 do CC/2002.

O objeto da doação é que definirá se haverá ou não transferência do estabelecimento empresarial, uma vez que, se envolver apenas alguns componentes do estabelecimento, e não o seu conjunto, o objeto será de coisas isoladas, não tendo o donatário adquirido os direitos decorrentes da transferência do estabelecimento, como a renovação da locação, em caso de imóvel alugado, ou a obrigação de não-concorrência do doador.

O doador pode fixar prazo para o donatário declarar se aceita ou não a doação. Se esta não tiver encargo, admite-se que o silêncio do donatário implica sua aceitação, desde que ciente do prazo, como preceitua o art. 539 do CC/2002. Também poderá o doador estipular que, caso sobreviva ao donatário, os bens doados voltem ao seu patrimônio, na forma do art. 547.

O Código Civil atual, em seus arts. 555[24] e 556,[25] estabeleceu a possibilidade de revogação da doação, se houver ingratidão do donatário, sendo que o doador não poderá renunciar, antecipadamente, a este seu direito. Sendo a ingratidão um termo muito abrangente e subjetivo, cuidou o Código, mais adiante, especificamente nos arts. 557 e 559, de fixar as hipóteses para a revogação por tal motivo. O prazo para requerer a revogação é de um ano, a contar da data em que o doador tomou conhecimento do fato.

O direito de revogar a doação não se transmite aos herdeiros do doador, nem prejudica os do donatário, mas aqueles podem prosseguir na ação iniciada pelo doador, continuando-a contra os herdeiros do donatário, se este falecer depois de ajuizada a lide (art. 560 do CC/2002).

2.2 Negócios de gestão para fim de desfrute

O estabelecimento empresarial também pode ser objeto de negócio jurídico com o objetivo de constituição de direitos de uso e gozo, sem a

[24] O art. 555 do CC/2002 estabelece também a revogação da doação por inexecução do encargo: "A doação pode ser revogada por ingratidão do donatário, ou por inexecução do encargo".

[25] "Art. 556. Não se pode renunciar antecipadamente o direito de revogar a liberalidade por ingratidão do donatário."

transferência plena da titularidade. Identifica-se, portanto, de um lado, a titularidade do estabelecimento e, do outro, a sua exploração econômica. São os denominados negócios de gestão para fim de desfrute, como arrendamento e usufruto.

2.2.1 Arrendamento do estabelecimento empresarial

Na legislação brasileira não há distinção entre locação e arrendamento nem referência ao arrendamento. Entretanto, a doutrina (LEITE, 1982, p. 69;[26] BARRETO FILHO, 1969, p. 258[27]) vem pacificando entendimento de que o instituto "arrendamento" é mais adequado às hipóteses de locação de estabelecimento empresarial.[28]

Em ambos os casos, existe uma transferência temporária e onerosa, sendo que na locação o objeto da concessão de exploração é o gozo temporário de um imóvel, ao passo que no arrendamento o objeto é o gozo de um estabelecimento, com toda a sua organização e fatores produtivos (coisas fungíveis e infungíveis).

[26] "[...] na linguagem geral existe alguma preferência pela denominação 'arrendamento' quando implícita está a idéia de utilização da coisa para proveito econômico: arrendamento de terra (para exploração), de máquina (para produção), de instalações ou prédio industrial (para produção), se bem que haja preferência por 'locação de prédio para uso comercial' [...]" (LEITE,1982, p. 69).

[27] "[...] Pode-se, portanto, entre nós, falar-se (sic) indiferentemente de locação ou arrendamento do estabelecimento, mas seria preferível que, adotando terminologia mais rigorosa, se reservasse um termo especial – que poderia ser arrendamento – para designar o negócio jurídico que tem por objeto a fruição do complexo de bens produtivos que integram o estabelecimento (BARRETO FILHO, 1969, p. 258).

[28] Entretanto, Silva, ao conceituar o arrendamento, não o apresenta em relação ao estabelecimento empresarial: "Juridicamente, expressa o contrato pelo qual uma pessoa, senhora de um prédio, transpassa e assegura a outrem, mediante contribuição fixa e prazo certo, o uso e gozo do mesmo. O arrendamento tem, assim, feição semelhante ao contrato de locação. [...] No entanto, o arrendamento se firmou mais especialmente para designar a locação da propriedade imobiliária rústica ou dos prédios não urbanos, reservando-se locação, propriamente, para o contrato de aluguel das casas ou prédios urbanos e o de bens móveis [...]" (2003, p. 140).

A locação de estabelecimento empresarial não cabe dentro do conceito de locação fixado no art. 565[29] do Código Civil em vigor, pois em tal definição a cessão temporária do uso e gozo, sem transferência da propriedade, é exclusiva para coisa não fungível. O estabelecimento empresarial é composto por coisas fungíveis, como os produtos expostos à venda.

No arrendamento do estabelecimento empresarial, o objeto será este, enquanto complexo de bens organizado para exercício da empresa, principalmente o seu aviamento.

O Código Civil italiano de 1942, em seu artigo 2562,[30] regula, expressamente, o arrendamento de estabelecimento empresarial, remetendo à aplicação das regras do artigo 2561,[31] que trata do usufruto de estabelecimento, de forma que o arrendatário deve: (I) exercer o comércio sob a firma que a distingue; (II) não modificar a sua destinação; (III) conservar a eficiência da organização e das instalações; (IV) manter a normalidade do estoque.

Estabelece ainda que, se existir diferença entre o inventário inicial e o final do arrendamento, deverá ser paga pelos valores correntes quando do término do contrato.

No tocante ao primeiro dever acima mencionado, Gastone Cottino, citado por Leite (1982, p. 72), afirma que a razão pela qual o artigo 2561 do Código Civil italiano exige o exercício do estabelecimento comercial[32] sob a

[29] CC/2002, art. 565: "Na locação de coisas, uma das partes se obriga a ceder à outra, por tempo determinado ou não, o uso e gozo de coisa não fungível, mediante certa retribuição" (BRASIL, 2002).

[30] "Art. 2562 Affitto dell'azienda. Le disposizioni dell'articolo precedente si applicano anche nel caso di affitto dell'azienda."

[31] "Art. 2561 Usufrutto dell'azienda. L'usufruttuario dell'azienda deve esercitarla sotto la ditta che la contraddistingue.

Egli debe gestire l'azienda senza modificarne la destinazione (985) e in modo da conservare l'efficienza dell'organizzazione e degli impianti (997) e le normali dotazioni di scorte.

Se non adempie a tale obbligo o cessa arbitrariamente della gestione dell'azienda, se applica *l'art. 1015* [grifo do autor].

La differenza tra le consistenze d'inventario all'inizio e al termine dell'usufrutto è regolata in danaro, sulla base dei valori correnti al termine dell'usufrutto (2112)."

[32] Nesta época (1976) ainda não se utilizava e expressão "estabelecimento empresarial".

firma (ou razão social) do arrendante reside na conservação a favor deste de todo o aviamento, afastando o desvio da clientela quando do término do contrato.

Já Barreto Filho, ao interpretar o mesmo dispositivo do Código italiano, citando Tullio Ascarelli, afirma:

O usufrutuário ou arrendatário deve explorar o estabelecimento sob o título (nome objetivo) que o distingue. Mas, tendo em conta a distinção entre titularidade do estabelecimento e sua exploração, o usufrutuário ou arrendatário deverá exercer a atividade comercial sob a própria firma ou denominação (nome subjetivo). Se, ao contrário, agirem em nome do titular, será este o empresário responsável perante terceiros; então não se poderá falar propriamente de arrendamento ou usufruto, ainda que se atribua ao gerente (que será um preposto) o direito de participar nos lucros da exploração (1969, p. 269).

O jurista português Magalhães, ainda sobre o mesmo dispositivo italiano, afirma:

> Na falta, na nossa legislação, de um preceito como o daquele art. 2561, não se pode dizer que o usufrutuário tenha de exercer o comércio com outra firma que não seja a sua própria; e, quanto ao nome do estabelecimento e à insígnia, parece-nos duvidoso que o usufrutuário os possa alterar ou substituir. Mas, se o fizer, apenas responderá pelos prejuízos que daí resultarem [...] (1951, p. 315).

Destarte, há de se compreender que, conforme as interpretações dadas ao assunto, no âmbito do ordenamento italiano, o arrendatário ou usufrutuário deve exercer atividade com a mesma marca do estabelecimento já explorada, embora utilize a sua própria sociedade, que será a responsável perante terceiros.

O arrendamento é um contrato atípico, constituído sob a influência do contrato de locação.[33] O arrendante é obrigado a entregar ao arrendatário a coisa arrendada, em estado de servir ao uso a que se destina e a garantir-lhe o uso pacífico, como estabelece o art. 566, I e II, do Código Civil de 2002; o arrendatário, por sua vez, não poderá alterar a destinação da coisa arrendada, tratando-a como se sua fosse, devendo: pagar, pontu-

[33] O Título X do Código Comercial de 1850 (arts. 226 a 255), que tratava sobre a locação mercantil, foi revogado pelo Código Civil de 2002.

almente, o ajustado;[34] avisar ao arrendatário as turbações de terceiros; e restituir a coisa, findo o arrendamento, no estado em que a recebeu, como estabelecem os incisos I a IV do art. 569 do CC/2002.

No tocante à primeira obrigação, não alterar a destinação da coisa, o arrendatário deve respeitar a destinação econômica do estabelecimento, restando proibido de alterar a sua localização, o ramo de atividade ou, ainda, de introduzir qualquer inovação substancial que altere a finalidade atual da *universitas* (BARRETO FILHO, 1969, p. 259).

Resta claro que o arrendatário não cria o aviamento, vez que recebe um estabelecimento em funcionamento, mas tem obrigação de continuar a explorá-lo, de maneira a conservar o aviamento e impedir a perda da clientela.

Em geral, as prerrogativas e obrigações decorrentes do arrendamento coincidem com as dos demais negócios jurídicos. O arrendante pode excluir alguns bens materiais ou imateriais do negócio, desde que não desfigure o estabelecimento empresarial.

Também, para assegurar o uso do estabelecimento, o arrendante deve abster-se de fazer concorrência, enquanto estiver em vigência o arrendamento, como expressamente previsto no art. 1.147 do atual Código Civil, que será analisado, em profundidade, no capítulo 3 desta pesquisa.

Barreto Filho (1969, p. 263-265) registra a diferença entre locação de imóvel destinado a fins comerciais e arrendamento do estabelecimento, apontando que, na primeira hipótese, o inquilino cria e desenvolve o fundo de comércio e, por isso, faz jus à renovação da locação.[35] Já no segundo caso o arrendatário não terá direito a ação renovatória, visto que o direito à renovação só protege o locatário enquanto criador do fundo. O arrendatário do estabelecimento, apesar de explorar o fundo, não o formou, recebendo-o em caráter derivado do seu titular.

[34] O arrendamento, da mesma forma que a locação, implica uma contraprestação por parte do arrendatário, que deverá pagar, pontualmente, e em dinheiro ou bens, na forma pactuada.

[35] Na época, era o Decreto 24.150/1934 que regulava a locação, sendo que, atualmente, está em vigor a Lei 8.245/1991, que sofreu poucas alterações no instituto da ação renovatória, como já abordado no capítulo 1.

Em Portugal, o artigo 111.º do Regimento do Arrendamento Urbano – RAU[36] estabelece que a transferência temporária e onerosa de exploração de um estabelecimento comercial ou industrial não será tida como arrendamento urbano ou rústico.

Alguns doutrinadores portugueses (ABREU, 1999, p. 309-340; FROTA apud SOUSA, 2001, p. 321) denominam a transferência onerosa e temporária do estabelecimento como um todo de "locação", mas da análise do artigo acima citado resta claro que o legislador preferiu denominar o negócio de "cessão de exploração de estabelecimento comercial".

Sousa (2001, p. 323) afirma que, após a cessão de exploração do estabelecimento, o essencial é que fique caracterizada a mesma unidade ou organização econômica capaz de produzir lucros ao adquirente, no mesmo ramo de comércio ou indústria.

Vale transcrever a justificativa de Cordeiro sobre a denominação "cessão de exploração", em detrimento de locação, ambas relativas ao estabelecimento:

> Na cessão de exploração há uma cedência temporária do estabelecimento comercial: digamos que opera tendo por base algo de semelhante à locação, quando a cessão funcione a título oneroso. [...] O interesse da autonomização da cessão de exploração é o do próprio reconhecimento do estabelecimento como objecto de negócios: – permitiria a cedência temporária de estabelecimento como um todo, sem necessidade de negociar, uma a uma, todas as realidades que o compõem e viabilizando ainda o cômputo de elementos sem autonomia, como o aviamento e a clientela; – possibilitaria atender à verdadeira realidade em jogo no estabelecimento, afastando normas comuns aplicáveis a outras figuras contratuais, como por exemplo, o arrendamento (2001, p. 250).

Não se pode registrar o direito português sem antes mencionar a posição de dois grandes juristas: Barbosa de Magalhães e Orlando de Carvalho.

[36] "Artigo 111.º (cessão de exploração do estabelecimento comercial): 1 – Não é havido como arrendamento de prédio urbano ou rústico o contrato pelo qual alguém transfere temporária e onerosamente para outrem, juntamente com o gozo do prédio, a exploração de um estabelecimento comercial ou industrial nele instalado" (SOUSA, 2001, p. 321).

O primeiro defende que só podem ser objeto de arrendamento os bens imóveis, reconhecendo, entretanto, que o comerciante poderá ceder, por determinado tempo, a exploração do seu estabelecimento, decompondo-se o contrato em três específicos: o de usura (para as mercadorias, por serem fungíveis); o de aluguel; e o de gerência. Conclui Magalhães que, quando o objeto do contrato for o estabelecimento e não apenas o imóvel, não será arrendamento (1951, p. 160-164).

Já Carvalho (1967) sustenta que a cessão de exploração do estabelecimento como negócio jurídico foi obra da jurisprudência:

> [...] a locação de estabelecimento, a partir de 1935, foi objecto de uma importante determinação da mais alta magistratura. Com efeito, é a esse fenómeno jurídico que há-de reconduzir-se a "cessão" ou "concessão de exploração" [...] Que a figura conhecida entre nós por "cessão" ou "concessão de exploração" coincide com a chamada locação de estabelecimento, é coisa que não sofre qualquer dúvida, apesar da nossa jurisprudência e de a nossa doutrina persistirem nessa designação mais ambígua posta a correr pelos acórdãos do Supremo [grifos do autor] (CARVALHO, 1967, p. 268).

Destarte, o que esta pesquisa defende como arrendamento do estabelecimento empresarial o direito português define como cessão de exploração de estabelecimento comercial.

2.2.2 *Usufruto do estabelecimento empresarial*

O Código Civil de 2002, ao tratar do usufruto, não aborda, especificamente, o constituído sobre o estabelecimento empresarial, mas tal instituto, apesar de pouco usado,[37] vem sendo admitido pelos doutrinadores (BARRETO FILHO, 1969, p. 268; LEITE, 1982, p. 81; MIRANDA, 2002b, p. 226-227).

Já o Código Civil italiano regula, expressamente, em seu artigo 2561, o usufruto do estabelecimento comercial, o qual contém regras aplicáveis, também, ao arrendamento do estabelecimento, por determinação do artigo 2562, que já foi objeto de considerações no item 2.2.1, que tratou do arrendamento.

[37] Barreto Filho afirma que "tem sido usado, entre nós, o arrendamento do fundo de comércio, mesmo na ausência de normatividade específica. Já com referência ao usufruto de estabelecimento, não temos notícia de que houvesse acontecido na prática" (1969, p. 272).

O usufruto pode recair em um ou mais bens móveis ou imóveis, em um patrimônio inteiro, ou em parte deste, abrangendo, no todo ou em parte, os frutos e as utilidades (*art. 1.390 do CC/2002*).

Usufruto é o direito real sobre coisa alheia (*jus in re aliena*) atribuído a alguém – o usufrutuário – para que possa gozar, fruir das utilidades e frutos de um bem de propriedade de outrem, enquanto, temporariamente, destacado da mesma propriedade. São partes do usufruto: o nu-proprietário e o usufrutuário.

O usufrutuário detém os poderes de usar e gozar da coisa, explorando-a economicamente. O nu-proprietário, despojado desses poderes, faz jus à substância da coisa (*ius utendi* e *ius disponendi*), ou seja, o proprietário perde o *ius fruendi* sobre a coisa (propriedade). O nu-proprietário, por definição, é o proprietário do bem objeto do usufruto, do qual se destacam os direitos de uso. O usufrutuário é o beneficiário que frui, ou usufrui, do direito de usar a coisa.

O usufruto é um ônus gravíssimo que pesa sobre o direito de propriedade. O uso da coisa e a percepção de seus frutos representam, praticamente, as vantagens reais do gozo da coisa, normalmente reservadas ao dono. A coisa objeto de usufruto fica pertencendo a seu proprietário, mas este quase não tirará proveito real dela enquanto subsistir o usufruto. O seu direito é chamado pelos romanos, acertadamente, de nuda proprietas, que significa um direito despido de suas conseqüências normais. Entretanto, o proprietário, chamado nu-proprietário, conserva a expectativa de recuperar a plenitude desse direito. A temporariedade do usufruto dá um cunho de certeza a essa expectativa.

Segundo Miranda (2002b, p. 227), o usufruto sobre o estabelecimento empresarial[38] recai sobre todos os seus elementos, da mesma forma que ocorreria caso fosse transferida a propriedade do estabelecimento. O usufrutuário tem os direitos de uso e fruição que tinha o constituinte do usufruto.

O atual Código Civil, em seu art. 1.391, exige registro do usufruto de imóveis no Cartório competente, para que produza efeitos *erga omnes*, com exceção daquele que resulte de usucapião.

[38] Pontes de Miranda denomina o estabelecimento comercial (na época não se utilizava a expressão "empresarial"), de "fundo de empresa" (2002b, p. 227).

2.2.2.1 Quase usufruto

O usufruto só podia ser estabelecido sobre coisa inconsumível, porque a consumível não pode ser usada, normalmente, sem que se lhe destrua a substância. Entretanto, no início do Principado, um senátus-consulto permitiu o usufruto de coisas consumíveis (usufruto irregular). Nesse caso, porém, a coisa, na realidade, passava para a propriedade do usufrutuário, que, conseqüentemente, ficava com a obrigação de devolver, findo o usufruto, coisa equivalente, do mesmo gênero, qualidade e quantidade.

Tratando-se de forma anômala, por chocar-se com os princípios fundamentais do usufruto, os romanos chamavam a este, que recaía sobre coisas consumíveis, de quasi usufructus.

O art. 1.392 do Código Civil prevê o "quase-usufruto":

> Art. 1.392. Salvo disposição em contrário, o usufruto estende-se aos acessórios da coisa e seus acrescidos.
>
> § 1.º Se, entre os acessórios e os acrescidos, houver coisas consumíveis, terá o usufrutuário o dever de restituir, findo o usufruto, as que ainda houver e, das outras, o equivalente em gênero, qualidade e quantidade, ou, não sendo possível, o seu valor, estimado ao tempo da restituição.

Muito já se discutiu sobre o enquadramento do usufruto do estabelecimento empresarial como um quase-usufruto ou um verdadeiro usufruto. Isso porque o estabelecimento é composto, também, por coisas fungíveis, como os produtos que são expostos à venda.

Magalhães defende que o fato de o estabelecimento englobar coisas fungíveis, as quais o usufrutuário pode e deve alienar, não autoriza a redução de sua categoria jurídica a um quase-usufruto. Ao contrário, deve-se aplicar o regime jurídico do usufruto no que for compatível com a natureza e fins econômicos do estabelecimento comercial.[39] Este deve ser considerado como uma universalidade e, portanto, um usufruto verdadeiro (MAGALHÃES, 1951, p. 299).

Em seguida, esse autor afirma que a venda de mercadorias constitui ato normal da exploração do estabelecimento, sendo a necessária realização

[39] Também nessa época não se utilizava a expressão "estabelecimento empresarial".

do direito de gozo da coisa usufruída que a lei confere ao usufrutuário. As coisas fungíveis, desde que façam parte do estabelecimento objeto de usufruto, pertencem, como o estabelecimento, em propriedade, ao seu proprietário e, em usufruto, ao usufrutuário (MAGALHÃES, 1951, p. 300-303).

2.2.2.2 Direitos do usufrutuário

As regras utilizadas são as próprias do usufruto em geral. Entre elas, a do art. 1.394 do CC/2002, segundo a qual o usufrutuário tem direito à posse, ao uso, à administração e à percepção dos frutos da coisa recebida em usufruto, que implica posse direta, ao passo que a do nu-proprietário é posse indireta. O usufrutuário deve desenvolver as atividades empresariais e beneficiar-se da produtividade, de forma que o nu-proprietário não poderá desviar a clientela já conquistada, restando, portanto, proibido de fazer concorrência ao usufrutuário, na forma do art. 1.147 do CC/2002.[40]

Neste âmbito, vale registrar as palavras de Magalhães, citando Navarrini:

> O usufruto do estabelecimento é um direito real. [...]. Consequentemente, o usufrutuário pode fazer valer o seu direito *erga omnes* [...]. Pode usar de todos os meios que competem ao proprietário para defender o estabelecimento contra qualquer violação dos seus direitos [...], inclusivamente o de reprimir os actos de concorrência desleal, mesmo quando praticados pelo próprio nu-proprietário (NAVARRINI apud MAGALHÃES, 1951, p. 310).

O usufrutuário tem direito à posse, ao uso, à administração e percepção dos frutos (CC/2002, art. 1.394). Na hipótese de o usufruto recair em títulos de crédito, o usufrutuário tem direito a perceber os frutos e a cobrar as respectivas dívidas, como determina o art. 1.395 do CC/2002.

Após cobrança das dívidas, o usufrutuário aplicará, de imediato, a importância em títulos da mesma natureza ou em títulos da dívida pública federal, com cláusula de atualização monetária, segundo índices oficiais regularmente estabelecidos, na forma do parágrafo único do art. 1.395.

[40] O Código Civil italiano preceitua, na quarta parte do artigo 2557, que, na hipótese de usufruto de estabelecimento, o impedimento de concorrência do nu-proprietário ao usufrutuário se impõe durante toda a duração do usufruto. Para maiores detalhes, ver capítulo 3 deste trabalho.

O usufrutuário pode usufruir, em pessoa, ou mediante arrendamento, o prédio, mas não mudar-lhe a destinação econômica sem expressa autorização do proprietário (art. 1.399 do CC/2002).

2.2.2.3 Obrigações do usufrutuário

O usufrutuário, antes de assumir o usufruto, inventariará, a sua custa, os bens que receber, determinando o estado em que se acham, e dará caução, fidejussória ou real, se lha exigir o dono, de velar pela sua conservação e entregá-los findo o usufruto (art. 1.400 do CC/2002).

O dever do usufrutuário não é, precipuamente, o de conservar as coisas e direitos que compõem o estabelecimento, mas o de conservar este último. E, para conservá-lo, não deve o usufrutuário deixar que se deteriorem, sem serem substituídos, os bens que no estabelecimento se acham, evitando tanto que a clientela diminua, mude de classe ou desapareça, como também a desvalorização do estabelecimento (MIRANDA, 2002b, p. 230).

O usufrutuário, quando do término do usufruto, estará obrigado a devolver a coisa ao proprietário, devendo, portanto, conservá-la apta a sua destinação, preservando a clientela existente no início do usufruto, podendo até aumentá-la, mas nunca diminuí-la. Se a clientela decrescer, resultará em desvalorização do estabelecimento e, por conseqüência, em responsabilidade do usufrutuário, salvo nas hipóteses da perda da clientela decorrer de ato de terceiro, a exemplo da alteração, pela administração pública municipal, de ponto de ônibus que ficava próximo ao estabelecimento.

A obrigação do usufrutuário de devolver a coisa como recebeu é reforçada por uma caução (cautio ususfructuaria), que serve, também, para assegurar a devida devolução da coisa no estado em que estava quando recebida.

O usufrutuário que não quiser ou não puder dar caução suficiente perderá o direito de administrar o usufruto. Neste caso, os bens serão administrados pelo proprietário, que ficará obrigado, mediante caução, a entregar ao usufrutuário o rendimento deles, deduzidas as despesas de administração, entre as quais será incluída a quantia fixada pelo juiz como remuneração do administrador (CC/2002, art. 1.401).

Como o usufrutuário tem o dever de entregar o estabelecimento empresarial no estado em que o recebeu, deverá suportar as despesas de sua conservação, na forma do inc. I do art. 1.403 do CC/2002, mas não é obrigado a pagar as deteriorações resultantes do exercício regular do usufruto, como determina o art. 1.402.

2.2.2.4 Extinção do usufruto

No Código Civil de 1916, o usufruto constituído em favor de pessoa jurídica extinguia-se com esta ou depois de decorridos 100 anos (art. 741), pois este era considerado como o último limite da vida humana.

Atualmente, o Código Civil, no inc. III do art. 1.410, prevê a extinção do usufruto pela extinção da pessoa jurídica em favor de quem o usufruto foi constituído, ou, se aquela perdurar, pelo decurso de 30 anos da data em que começou a ser exercido. O art. 1.410 estabelece, ainda, outras formas de extinção do usufruto:

> Art. 1.410. O usufruto extingue-se, cancelando-se o registro no Cartório de Registro de Imóveis: I – pela renúncia ou morte do usufrutuário; II – pelo termo de sua duração; III – pela extinção da pessoa jurídica, em favor de quem o usufruto foi constituído, ou, se ela perdurar, pelo decurso de trinta anos da data em que começou a exercer; IV – pela cessação do motivo de que se origina; V – pela destruição da coisa, guardadas as disposições dos arts. 1.407, 1.408, 2.ª parte, e 1.409; VI – pela consolidação; VII – por culpa do usufrutuário, quando aliena, deteriora, ou deixa arruinar os bens, não lhes acudindo com reparos de conservação, ou quando, no usufruto de títulos de crédito, não dá às importâncias recebidas a aplicação prevista no parágrafo único do art. 1.395; VIII – pelo não uso, ou não fruição, da coisa em que o usufruto recai (arts. 1.390 e 1.399).

2.2.2.5 Usufruto: garantia em execução

O usufruto de imóvel ou empresa é concedido ao credor, em execução. O juiz da execução pode conceder ao credor tal usufruto quando o reputar menos gravoso ao devedor e eficiente para o recebimento da dívida, como preceitua o art. 716 do Código de Processo Civil (CPC) (CAHALI, 1999, p. 483).

Decretado o usufruto, perde o devedor o gozo do imóvel ou da empresa até que o credor seja pago do principal: juros, custas e honorários advocatícios. O usufruto tem eficácia, assim, tanto em relação ao devedor quanto a terceiros, a partir da publicação da sentença.

Na sentença, o juiz nomeará um administrador, que será investido de todos os poderes que concernem ao usufrutuário. Poderá ser administrador o credor, consentindo o devedor, ou o devedor, consentindo o credor.

É lícito ao credor, antes da realização da praça, requerer que lhe seja atribuído, em pagamento do crédito, o usufruto do imóvel penhorado. Se o devedor concordar com o pedido, o juiz nomeará perito para avaliar os frutos e rendimentos do imóvel e calcular o tempo necessário para a liquidação da dívida.

Ouvidas as partes sobre o laudo, proferirá o juiz a sentença, ordenando a expedição de carta de constituição de usufruto. Constarão na carta, além das peças indicadas no art. 703 do CPC, a sentença e o cálculo dos frutos e rendimentos.

A carta de usufruto do imóvel será inscrita no respectivo registro. Tal documento é o ato que formaliza a atribuição do usufruto do imóvel penhorado ao credor, havendo aquiescência do devedor ao pedido, calculando-se os frutos e rendimentos do bem, dentro do prazo necessário à quitação do débito, como determina o art. 721 do CPC, observando-se os arts. 703 e 722, ambos também do CPC.

O usufrutuário poderá celebrar nova locação, aceitando proposta de contrato, desde que o devedor concorde com todas as suas cláusulas. Havendo discordância entre o credor e o devedor, o juiz decidirá, podendo aprovar a proposta se a julgar conveniente, ou determinar mediante hasta pública a locação.

A constituição do usufruto não impedirá a alienação judicial do imóvel. Fica, porém, ressalvado ao credor o direito a continuar na posse do imóvel durante o prazo do usufruto. É lícito ao arrematante, ao pagar ao credor o saldo a que tem direito, requerer a extinção do usufruto.

Nos casos previstos nos arts. 677 e 678 do CPC, o juiz concederá, ao credor, o usufruto da empresa, desde que este o requeira antes da realização do leilão.

Nomeado o administrador,[41] o devedor fará a entrega da empresa, cumprindo ao administrador: (I) comunicar à Junta Comercial que entrou no exercício de suas funções, remetendo-lhe certidão do despacho que o

[41] A nomeação e a substituição do administrador, bem como os seus direitos e deveres, regem-se pelo disposto nos arts. 148 a 150 do CPC.

nomeou; (II) submeter à aprovação judicial a forma de administração; e (III) prestar contas, mensalmente, entregando ao credor as quantias recebidas, a fim de serem imputadas no pagamento da dívida.

2.2.2.6 Usufruto no direito português

O Código Civil português, ao regulamentar o usufruto,[42] como o Código Civil pátrio, também não se refere, especificamente, ao usufruto do estabelecimento empresarial. Entretanto, este é largamente reconhecido na doutrina (MAGALHÃES, 1951, p. 299; CORDEIRO, 2001, p. 253).

As disposições do ordenamento português são utilizadas para regular o usufruto do estabelecimento. O usufrutuário poderá aproveitar o estabelecimento, amplamente, desde que não altere sua forma ou substância, como preceitua o artigo 1439.º do Código Civil português.[43]

Cordeiro defende que "[...] os elementos corpóreos podem, por definição, ser objecto de usufruto, enquanto os incorpóreos o serão por via dos artigos 1463.º a 1467.º do Código Civil[44] e dos princípios que deles emergem" (2001, p. 254).

2.2.3 Comodato do estabelecimento empresarial

O comodato do estabelecimento empresarial não está, expressamente, regulado no CC/2002, mas a sua incidência é possível, desde que observado o seu conjunto e não os seus elementos isolados, considerando a predominância de coisas infungíveis.

Isto porque comodato é o empréstimo[45] gratuito de coisas não fungíveis, para uso durante certo prazo e posterior devolução da coisa emprestada, findo o prazo do empréstimo. O comodato se completa com a tradição do objeto, na forma do art. 579 do CC/2002. O comodato tem as seguintes características: (I) gratuidade do contrato; (II) tradição da coisa; e (III) infungibilidade do objeto.

[42] Título III, Capítulo I a IV, arts. 1439.º a 1483.º.

[43] "Artigo 1439.º (noção) – Usufruto é direito de gozar temporária e plenamente uma coisa ou direito alheio, sem alterar a sua forma ou substância."

[44] Estes artigos referem-se, respectivamente, ao usufruto de: rendas vitalícias; capitais postos a juro; de capital (dinheiro); títulos de crédito; e títulos de participação.

[45] Empréstimo é o gênero do qual o comodato e o mútuo são espécies.

2.2.3.1 Obrigações do comodatário

No comodato, apesar da gratuidade, o comodatário assume obrigações específicas vinculadas ao objeto do pacto, a exemplo da obrigação de conservar a coisa recebida em comodato como se sua fosse. Essa obrigação corresponde ao uso adequado da coisa sob o regime de comodato, de forma que não poderá ser usada senão de acordo com o contrato ou a natureza dela, sob pena de responder por perdas e danos – art. 582 do CC/2002 –, além de constituir motivo para resolução do contrato.

No tocante aos cuidados com a coisa emprestada, preceitua o art. 583 do Código que, se, correndo risco o objeto do comodato juntamente com outros do comodatário, antepuser este a salvação dos seus, abandonando os do comodante, responderá pelo dano ocorrido, ainda que se possa atribuir a caso fortuito ou força maior (art. 583 do CC/2002).

Outra obrigação é a de restituir a coisa dentro do prazo estabelecido no contrato, sob pena de ser considerada como prática de esbulho.[46] Não havendo prazo definido, o comodato será considerado como o necessário ao uso da coisa dada.

Não cumprindo a devolução do objeto, o comodatário estará, ainda, sujeito à responsabilidade dos riscos da mora, além de ficar obrigado a pagar o aluguel da coisa que for arbitrado pelo comodante, até que seja efetivada a devolução. Este suposto aluguel é considerado perdas e danos e não contrato de locação (CC/2002, art. 582).

Além disso, no que se refere à devolução da coisa, não pode o comodante, salvo necessidade imprevista e urgente, reconhecida pelo juiz, suspender o uso e gozo da coisa emprestada antes de findo o prazo convencional (art. 581 do CC/2002).

Portanto, embora o empréstimo seja gratuito, no comodato o comodatário pode assumir o ônus com manutenção do objeto ou, mesmo no caso de imóvel, pagamento de condomínio, taxas e impostos do bem, sem, contudo, descaracterizar o comodato.

[46] Esbulho significa "[...] ato violento, em decorrência do qual uma pessoa é despojada (desapossada), contra a sua vontade, daquilo que lhe pertence ou está em sua posse, sem que assista ao violentado qualquer direito ou autoridade, com que possa justificar o seu ato" (SILVA, 2003, p. 541).

2.2.4 Penhor do estabelecimento empresarial

Antes da atual codificação civil, a maioria dos doutrinadores (FERREIRA, 1952, p. 432; MENDONÇA, 1956, p. 607; BARRETO FILHO, 1969, p. 279) entendia que, diante da falta de regulamentação legal, não se podia cogitar do penhor sobre o estabelecimento empresarial.[47]

Dentre os vários obstáculos para a configuração do penhor do estabelecimento empresarial citados por Barreto Filho (1969, p. 276), dois se destacam: (I) as coisas objeto do penhor devem ser de propriedade do devedor, o que não sucede no estabelecimento no qual o titular tem disponibilidade jurídica dos bens sob os mais variados títulos; (II) podem ser objeto de penhor apenas as coisas móveis; entretanto, o estabelecimento também pode incluir imóveis.

Ocorre que o cenário legislativo pátrio sofreu alteração com o Código Civil de 2002, que, embora não regule, especificamente, o penhor sobre o estabelecimento,[48] em seu art. 1.451 admite como objeto de penhor direitos sobre coisas móveis, suscetíveis de cessão e, em seu art. 1.431, parágrafo único, admite que, no penhor rural, industrial ou mercantil, as coisas empenhadas continuem em poder do devedor, que as deve guardar e conservar. Nesta hipótese, o credor tem direito de inspecionar as coisas empenhadas onde se acharem, por si ou por pessoa que credenciar, na forma dos arts. 1.441 e 1.450.

Assim sendo, o titular do estabelecimento poderá oferecê-lo como garantia de uma obrigação. Essa possibilidade existe no que se refere tanto a sua porção material (as coisas que compõem o estabelecimento: maquinário, mobiliário, estoque etc.) quanto a sua porção imaterial. Se o estabelecimento inclui a propriedade do imóvel, deve, no entanto, fazer-se por meio de hipoteca, aplicando-se os arts. 1.473 e seguintes do Código Civil de 2002 (MAMEDE, 2004, p. 198).

O instrumento de penhor deverá ser registrado por qualquer dos contratantes no Cartório de Títulos e Documentos (arts. 1.432 e 1.452

[47] Já Magalhães (1951, p. 172) defende que se o imóvel fizer parte do estabelecimento não pode ser dado em penhor, embora o possam ser algumas ou todas as coisas mobiliárias que o constituam.

[48] O Código Civil italiano de 1942 também não aborda o penhor do estabelecimento empresarial.

do CC/2002). Entretanto, quando se tratar de penhor de estabelecimento empresarial, o gravame deverá ser registrado, também, na Junta Comercial, pois dessa forma obter-se-á a publicidade necessária para proteger os terceiros de boa-fé.

O art. 1.424 do Código Civil em vigor estabelece que os contratos de penhor, para terem eficácia, deverão declarar: (I) o valor do crédito estimado ou seu teto máximo; (II) o prazo para pagamento; (III) a taxa de juros, se houver; e (IV) o bem dado em garantia, com as suas especificações.

O penhor do estabelecimento empresarial só poderá ser constituído por seu titular, mas a garantia poderá ser vinculada a obrigação diversa da atividade empresarial. Segundo Mamede, essa possibilidade é reconhecida pelo legislador, de forma indireta, no art. 1.427 do CC/2002, visto que, na hipótese de o estabelecimento ser "[...] excutido para o pagamento de dívida de terceiro (do trespassante ou doutrem), nasce para o seu titular um direito de ação contra o devedor para ver-se indenizado dos prejuízos que sofreu" (2004, p. 200)

2.3 Negócios de alienação *mortis causa*

O estabelecimento empresarial, como elemento patrimonial do de cujus, se transmite aos herdeiros legítimos e testamentários, quando aberta a sucessão, de acordo com o art. 1.784 do Código Civil de 2002.[49]

A herança, na forma do art. 57 do Código Civil de 1916,[50] era expressamente enquadrada como *universitas juris*, sendo que o seu correspondente, o art. 91 do CC/2002, estabelece que "constitui universalidade de direito o complexo de relações jurídicas, de uma pessoa, dotadas de valor econômico". Portanto, ainda assim, resta evidente que a herança é uma universalidade de direito.

Como ensina Barreto Filho, o inventariante é o representante da herança, com "legitimação para exercer todos os direitos decorrentes das relações jurídicas de que o falecido era titular. A comunhão hereditária persiste até que se verifique a adjudicação ou partilha do espólio" (1969, p. 240).

[49] "Art. 1.784. Aberta a sucessão, a herança transmite-se, desde logo, aos herdeiros legítimos e testamentários."

[50] "Art. 57. O patrimônio e a herança constituem coisas universais, ou universalidade, e como tais subsistem, embora não constem de objetos materiais."

A partir daí, surge a questão sobre a possibilidade de dividir o estabelecimento empresarial entre os herdeiros, considerando a provável desvalorização do aviamento. Barreto Filho (1969, p. 240), citando Rotondi e Ferrara Jr., afirma que a doutrina italiana defende a indivisibilidade do fundo de comércio. Tal entendimento deve ser aplicado até hoje, visto que, embora o estabelecimento seja composto por elementos heterogêneos e, portanto, passíveis de divisão, a partilha de seus elementos essenciais desvalorizará de tal forma o conjunto (estabelecimento), que representará diminuição do patrimônio dos herdeiros.

Capítulo 3

OBRIGAÇÃO DE NÃO-CONCORRÊNCIA

3.1 Definição da obrigação de não-concorrência

A obrigação de não-concorrência,[1-2-3] decorrente da transferência do estabelecimento empresarial por alienação, arrendamento ou usufruto foi regulada pela primeira vez no Brasil pelo art. 1.147 do Código Civil de 2002, abaixo transcrito:

> Art. 1.147. Não havendo autorização expressa, o alienante do estabelecimento não pode fazer concorrência ao adquirente, nos cinco anos subseqüentes à transferência.
>
> Parágrafo único: No caso de arrendamento ou usufruto do estabelecimento, a proibição prevista neste artigo persistirá durante o prazo do contrato.

Importante registrar que, desde o Anteprojeto do Código Civil, em seu art. 1.337, já constava a regra de não-concorrência na forma a seguir transcrita:

[1] A obrigação de não-concorrência é denominada por alguns doutrinadores (FARIA, 1998, p. 1-14 passim; MORAES, 2001, p. 121; MAMEDE, 2004, p. 195) apenas como "cláusula de não restabelecimento" ou "proibição de restabelecimento". Neste ensaio, estas expressões são adotadas como equivalentes – como entendem Grau e Forgioni (2005, p. 273) –, já que restabelecer pressupõe estabelecer, novamente, com as mesmas condições. Como ensina Houaiss, restabelecer é "repor em seu estado primeiro; [...] voltar ao estado primitivo" (2004, p. 2.442).

[2] Para Miranda: "A cláusula de não restabelecimento *igual* é de inserção útil, principalmente se com ela se precisa até onde se considera restabelecimento igual a abertura de outra empresa, ou a constituição de outro fundo de empresa para a mesma empresa que o alienou. (Deve-se evitar a referência à cláusula de não-restabelecimento sem se acrescentar adjetivo, 'igual', 'concorrente', 'do mesmo gênero', embora seja de subtender-se; [...] [grifo nosso]" (2001, p. 445).

[3] Segundo Queiroz, o termo *restabelecimento* é mais abrangente que *não-concorrência*, razão pela qual: "para ter validade, a vedação de restabelecimento deverá ser limitada no tempo, no espaço e quanto ao objeto, equiparando-a à simples proibição de concorrência" (2000, p. 121-123).

> Art. 1.337. Salvo convenção expressa a respeito, o alienante do estabelecimento não pode fazer concorrência ao adquirente, durante o período dos cinco anos subseqüentes à transferência.
>
> Parágrafo único. No caso de arrendamento ou usufruto do estabelecimento, a proibição prevista neste artigo persistirá durante o prazo do contrato (PAES, 1978, p. 47).

A redação do artigo acima transcrito sofreu pequena alteração no *caput*, na primeira versão do Projeto de Lei do Código Civil – PL 634/1975, de 11 de junho de 1975, art. 1.181,[4] cuja redação ficou inalterada até sua conversão em lei pelo Código Civil de 2002. Da análise do atual texto da norma em estudo constata-se que não ocorreu modificação significativa, pois o seu sentido e alcance não foram alterados.

Assim, resta evidenciada a intenção do legislador de proteger os legítimos interesses negociais da empresa adquirente do estabelecimento, ou seja, a devida transferência dos bens materiais e imateriais, inclusive o direito à clientela, que é um dos seus elementos essenciais. A proibição da concorrência passou a ser legalmente reconhecida como inerente à transferência do estabelecimento empresarial.

Tal proibição consiste em uma obrigação de não fazer imposta ao transmitente: mais especificamente, não fazer concorrência ao novo titular do estabelecimento empresarial. O alienante, arrendador ou nu-proprietário do estabelecimento não poderá se restabelecer de forma a desviar a clientela do adquirente pelo prazo de cinco anos, no caso de alienação, ou enquanto durar o contrato de arrendamento ou usufruto, salvo disposição diversa no contrato.

O adquirente, arrendatário ou usufrutuário pode autorizar o transmitente do estabelecimento a se restabelecer, desde que expressamente, o que resultará em renúncia, exigindo, portanto, instrumento escrito contendo a autorização. A interpretação da renúncia deverá ser estrita, na forma do art. 114 do CC/2002.[5-6]

[4] "Art. 1.181. Não havendo autorização expressa, o alienante do estabelecimento não pode fazer concorrência ao adquirente, nos cinco anos subseqüentes à transferência."

[5] "Art. 114. Os negócios jurídicos benéficos e a renúncia interpretam-se estritamente."

[6] Queiroz sustenta que a vedação da concorrência não visa à defesa de nenhum interesse de terceiros mas, apenas, garantir a plenitude do uso e da fruição do

Ora, se, ao transferir o estabelecimento, foi negociado um valor maior decorrente do aviamento, parece justo, e até mesmo, lógico, assegurar ao novo titular o gozo desse aviamento, proibindo o transmitente de lhe fazer concorrência, desviando a clientela.

A clientela entra na composição do preço para transferência do estabelecimento, ou seja, é um atrativo para o adquirente, razão pela qual parece lógico que se imponha ao transmitente a regra de não concorrer, conservando a prosperidade dos elementos vendidos, sem contar que, na maioria dos casos, o impedido exige e ganha compensação pecuniária para assumir tal obrigação. O transmitente que pretende se restabelecer fica adstrito a determinadas condições impostas com o intuito de evitar que essa prática mercantil ou industrial resulte em desvio da clientela que havia conquistado.

A obrigação em estudo visa evitar a disputa entre transferente e transferido competindo pela preferência dos clientes, já que, na transferência do estabelecimento empresarial, está incluído o direito de o novo titular desfrutar da clientela conquistada pelo transmitente. Assim, resta claro que a obrigação de não-concorrência é uma garantia da integridade do valor despendido pelo novo titular ao remunerar o aviamento, que inclui a clientela conquistada pelo antigo titular do estabelecimento.

Se o transmitente desviar a clientela, estará desvalorizando o estabelecimento objeto do negócio jurídico, até mesmo porque o adquirente

estabelecimento transferido em benefício do adquirente, tratando-se, portanto, de um interesse material e disponível, uma obrigação derrogável pela soberana vontade das partes. [...] "Não nos parece que a simples permissão do alienante de concorrer com o adquirente do estabelecimento alienado acarrete a desqualificação do negócio jurídico em questão. Uma avença com tais características pode decorrer dos mais variados fatores: em troca da concessão dessa liberdade ao alienante, o novo titular da *azienda* pode ter negociado um preço mais reduzido, desconsiderando a sua efetiva capacidade de produção de renda no momento da realização do negócio. E por que ele faria isso? Por diversas razões, [...] o adquirente pode ter considerado mais vantajoso, pela realidade do mercado, investir essa diferença de preço na modernização do estabelecimento, o que lhe permitiria concorrer em melhores condições [...]; ou o mercado pode ser tão fluido, com múltiplos competidores, que o surgimento de mais um não seria uma ameaça; também pode acontecer de os custos do restabelecimento do alienante serem tão elevados, que desestimulariam uma nova empreitada; ou talvez o adquirente considere, por sua experiência empresarial, ser insignificante o 'aviamento subjetivo' do alienante ou o seu nível de conhecimento das caracterísiticas do estabelecimento alienado etc." (2000, p. 97-98).

não visa apenas aquisição do estabelecimento com estoque, equipamentos e instalações, mas também a clientela, a qual, certamente, se manteria fiel ao antigo titular, caso este voltasse a se estabelecer no mesmo ramo.

Como já analisado no item 1.3.2.2 do cap. 1, não há dúvida de que o cliente é a figura mais importante para a existência do estabelecimento empresarial, sendo a sua condição de sobrevivência. O cliente é o responsável pelo sustento da empresa, daí a importância de impedir que o transmitente dispute, durante razoável lapso temporal, com o adquirente do estabelecimento a mesma clientela.[7]

A clientela não pode ser objeto de negócio jurídico. O adquirente procura garanti-la fazendo incluir no contrato a citada cláusula de interdição da concorrência, pela qual o transmitente renuncia, implicitamente, à clientela que conquistou.

3.1.1 Obrigação de não-concorrência no direito comparado

Na Itália, desde o Código Civil de 1942, a regra de não-concorrência foi inserida no ordenamento jurídico, representando uma regulação pioneira no panorama internacional, servindo de paradigma para vários países, como se pode constatar na tradução do art. 2.557 abaixo:

> Aquele que aliene um estabelecimento deve abster-se, durante um período de cinco anos, a partir da alienação, de iniciar uma nova empresa que, pelo objeto, situação ou outras circunstâncias, seja adequada a desviar a clientela do estabelecimento cedido.[8-9]

O Código Comercial de Honduras de 1950, em seu art. 653, apresenta regra semelhante, pela qual "quem aliena uma empresa deve abster-se, du-

[7] Como afirma Queiroz: "[...] reduzir a clientela de uma empresa é reduzir a sua capacidade de produção de renda, vale dizer, é diminuir uma das qualidades da organização empresarial, qual seja o aviamento [...], concluímos que reduzir a clientela de um estabelecimento empresarial equivale a reduzir o seu valor de mercado" (2000, p. 93).

[8] "Art. 2557 Divieto di concorrenza. Chi aliena l'azienda deve astenersi, per il periodo di cinque anni dal trasferimento, dall'iniziare una nuova impresa che per l'oggetto, l'ubicazione o altre circostanze sia idonea a sviare la clientela dell'azienda ceduta (2125, 2596)."

[9] O estudo mais detalhado deste artigo italiano será realizado ao longo deste capítulo, já que foi ele a inspiração para o art. 1.147 do atual Código Civil brasileiro.

rante os cinco anos seguintes à transmissão, de iniciar uma nova empresa que, por seu objeto, localização e demais circunstâncias possa desviar a clientela da empresa transmitida"[10] (QUEIROZ, 2000, p. 101).

Em Portugal, onde, até hoje, não existe lei sobre a matéria,[11] a doutrina reconhece a obrigação de não-concorrência decorrente do trespasse do estabelecimento empresarial:

> [...] O aviamento surge, neste entendimento das coisas, como um dos elementos (ou qualidades mais relevantes) do objecto negocial e, por conseguinte, a referida obrigação de não-concorrência aparece como um simples corolário do princípio geral de direito civil que impõe ao vendedor a obrigação de entregar a coisa vendida e de nada fazer que possa perturbar a sua posse e fruição por parte do comprador. Nestas circunstâncias, o fato de não haver (como não há na maioria dos países) texto legal expresso sancionando a falada obrigação de não-concorrência, não constituirá obstáculo à sua admissão (CORREIA, 1994, p. 136).

Já o jurista português António Menezes Cordeiro afirma que o dever de não-concorrência do trespassante perante o trespassário poderá ser uma exigência da boa-fé, desde que não seja expressamente pactuado (2001, p. 249).

Almeida e Canha afirmam que a obrigação de não-concorrência insere-se na obrigação de garantia, reconhecendo que na transmissão do estabelecimento está implícita uma obrigação de não-concorrência por parte do transmitente. Aduzem, ainda, que a obrigação de não-concorrência tem eficácia temporal limitada, a qual deverá ser fixada pelo juiz, no caso concreto, considerando o tempo necessário para a consolidação, nas mãos do adquirente, dos valores integrantes do estabelecimento. Isto

[10] "Art. 653. Quien anajena una empresa debe abstenerse, durante los cinco años siguientes a la transmisión, de iniciar una nueva empresa que por su objeto, ubicación y demás circunstancias pueda desviar la clientela de la empresa transmitida."

[11] Segundo Magalhães: "Em Portugal, em 20 de Março de 1925, foi apresentado no Senado um projecto de lei pelo qual seria 'expressamente proibido, de futuro, pôr nos contratos condições ou cláusulas que inibam os contratantes ou lhes restrinjam a liberdade de exercer qualquer ramo de comércio ou indústria dentro do país, sob qualquer forma que seja'. Foi publicado no *Diário do Governo*, n. 74, da 2.a série, de 30 do mesmo mês e ano, mas nunca chegou, sequer, a ser discutido" (1951, p. 283-284).

porque, em Portugal, não existe prazo estipulado para o âmbito temporal da obrigação de não-concorrência, ao contrário de outros países, por exemplo Itália (cinco anos) e Japão (vinte anos) (1993, p. 41-43).

3.2 A regra da não-concorrência antes do Código Civil de 2002

Até a edição do Código Civil de 2002, a regra da não-concorrência encontrava respaldo, somente, na doutrina e na jurisprudência, que já admitiam a estipulação de convenções restritivas da liberdade econômica visando preservar a clientela. Na transferência do estabelecimento empresarial, era freqüente o questionamento sobre a obrigação do transmitente de não concorrer com o adquirente por determinado período.

A maioria dos doutrinadores (MAGALHÃES, 1951, p. 289; MENDONÇA, 1956, p. 158-159; CARVALHO, 1967, p. 491; LEITE, 1982, p. 45) já defendia que, mesmo na ausência de previsão contratual, da transferência do estabelecimento comercial[12] decorre a obrigação do alienante em abster-se de concorrer com o adquirente, seja porque decorre da boa-fé ou porque, por analogia, se aplicava o art. 214 do Código Comercial.

Esse artigo[13-14] era utilizado, por analogia ao contrato de transferência do estabelecimento empresarial, como fundamento da obrigação do transmitente de fazer efetivo o negócio, promovendo a tradição das coisas materiais, dos direitos, o aviamento e o acesso à clientela.

Muitas foram as teorias desenvolvidas para justificar a proibição de concorrência do antigo titular do estabelecimento. Uma delas – dominante

[12] A expressão "estabelecimento empresarial" passou a ser utilizada recentemente. Os doutrinadores citados utilizavam "estabelecimento comercial". Mendonça justifica que esta locução engloba a atividade industrial, o teor do Regulamento 737, art. 19, § 3.o, vigente à época (1955, p. 15).

[13] "Art. 214. O vendedor é obrigado a fazer boa ao comprador a coisa vendida, ainda que no contrato se estipule que não fica sujeito a responsabilidade alguma; salvo se o comprador, conhecendo o perigo ao tempo da compra, declarar expressamente no instrumento de contrato que toma sobre si o risco; devendo entender-se que esta cláusula não compreende o risco da coisa vendida, que, por algum título, possa pertencer a terceiro."

[14] Como bem salientam Grau e Forgioni (2005, p. 277), o art. 214 acima citado, hoje revogado, foi praticamente reproduzido no CC/2002, nas disposições acerca da evicção (arts. 447 a 457).

no passado, mas já abandonada – fundamentava-se na noção de evicção, partindo da premissa de que o negócio sobre o estabelecimento envolveria também a clientela. Este argumento deixou de ser utilizado quando se identificou a falsidade de sua premissa, negando-se a idéia de que a clientela poderia ser objeto de apropriação ou transferência. Outra objeção foi a inadequação do conceito técnico-jurídico de evicção[15] à hipótese, que se mostra mais afinada com a noção de turbação (QUEIROZ, 2000, p. 87-88).

Com o decorrer do tempo e o enfraquecimento do dogma da vontade,[16] o entendimento doutrinário e jurisprudencial[17-18] incorporou a

[15] De acordo com Silva (2003, p. 567), evicção "[...] significa o ato pelo qual vem um terceiro desapossar a pessoa da coisa ou do direito que se encontrava em sua posse, por ter direito a ela. [...] A *evicção*, assim, decorre da sentença, que atribui ao *evictor* o direito sobre a coisa, em virtude da qual se assegura no direito de *evencer* a coisa ou o direito, que não se encontrava sob sua posse ou domínio [...] [grifos do autor]".

[16] Sobre o dogma da vontade ver próximo item 3.2.1.

[17] "*Ementa: Ação de abstenção de atividade comercial e indenização* – Decisão que concedeu a tutela antecipada – Manutenção com base nas provas já existentes nos autos – Cessão na qual está implícita que a recorrente não poderá exercer o mesmo ramo de comércio da referida sociedade comercial – *Recurso improvido.* [...] Com efeito, Silvana Regina Mirisola Soda cedeu suas quotas sociais que possuía na empresa Vero Verdi Comércio e Paisagismo Ltda., nova denominação da empresa 'SS Comércio e Paisagismo Ltda. ME' e, em sendo assim, está implícito, nessa cessão, que não poderá exercer o mesmo ramo de comércio da referida sociedade comercial. Conforme ensina Carlos Alberto Bittar no livro 'Teoria e Prática da Concorrência Desleal', página 64/65, que se encontra referida na petição inicial da ação proposta: 'Questão debatida a propósito é a prevalência, ou não, da vedação em caso de não existência de pacto expresso. Existem opiniões divergentes na doutrina, a partir de antigo precedente jurisprudencial, em que se previa a necessidade de estipulação expressa. Em função do princípio da boa-fé, a melhor doutrina tem assentado, no entanto, que a clásula de cessão de clientela está implícita na alienação do estabelecimento, razão pela qual, com o trespasse, não pode o vendedor montar negócio que venha a absorver antiga clientela'. Assim, pois, entendo que, no caso, pelo menos numa cognição sumária, está com a razão a empresa agravada, sendo, pois, correta a decisão judicial proferida, com suporte na prova já existente nos autos [...]" (SÃO PAULO, 2003).

[18] A decisão acima citada, embora tenha sido julgada em 6 de fevereiro de 2003, portanto logo após a vigência do Código Civil de 2002, que foi publicado no *Diário Oficial da União* de 11 de janeiro de 2002, data em que iniciou a con-

obrigação de não-concorrência decorrente da transferência do estabelecimento empresarial em função do princípio da boa-fé objetiva. Isto porque esse princípio passou a ser aplicado não só na interpretação das cláusulas do contrato, mas também no reconhecimento dos deveres decorrentes da boa-fé, ainda que não tivessem sido pactuados, e que devem ser observados mesmo após a formação do contrato.

Esses deveres denominados de "deveres laterais de conduta" podem ser definidos como deveres que, embora não façam parte da obrigação principal, são essenciais ao correto processamento da relação obrigacional em que a prestação se integra. Assim, destaca-se a pós-eficácia das obrigações,[19-20] no âmbito da função integrativa da boa-fé objetiva como um dever lateral de conduta de lealdade, que se concretiza, entre outros, em deveres de garantia da fruição pela contraparte do resultado do contrato concluído (MOTA, 2001, p. 197-204 passim).

Os deveres jurídicos não previstos expressamente pelas partes, como o dever de garantia (obrigação de não-concorrência), existem em função de um sistema jurídico que deve ser compreendido em sua totalidade, em busca do adimplemento, ainda que após o cumprimento da obrigação

tagem dos 365 dias da vacância, a terminar em 10 de janeiro de 2003 – logo, aplicando-se conjuntamente os §§ 1.º e 2.º do art. 8.º da LCF 95/1998, tem-se que o dia subseqüente, 11 de janeiro de 2003, é o da entrada em vigor do novo Código Civil – não faz nenhuma menção a tal diploma, reconhecendo a obrigação de não-concorrência em função do princípio da boa-fé, razão pela qual está enquadrada neste item, que trata sobre a obrigação de não-concorrência antes do CC/2002.

[19] Segundo Mota: "O instituto da pós-eficácia das obrigações ou *culpa post pactum finitum* (c.p.p.f.) nasceu na jurisprudência alemã da década de 1920. Em 26 de setembro de 1925, o *Reichsgericht* (RG) decidiu que depois de consumada uma cessão de créditos, o cedente continua obrigado a não tolher a posição do cessionário [...]" (2001, p. 204).

[20] Martins-Costa nomeia esses deveres laterais de *instrumentais* ou *funcionais*, afirmando que: "Estes não derivam de ato voluntarístico nem de norma legislativa punctual, mas dos princípios da função social e da boa-fé, sempre presente a finalidade objetiva do contrato, podendo-se apresentar antes mesmo da conclusão do negócio [...] ou até após finda a relação, como é o caso da chamada responsabilidade pós-contratual, ou *culpa post pactum finitum* [...] [grifos da autora]" (2000, p. 403).

principal. Assim, o sistema pretende proteger uma parte daquela que exerça ato contrário ao comportamento anterior, deflagrando quebra da lealdade e confiança.

> A concepção da obrigação como um processo e como uma totalidade concreta põe em causa o paradigma tradicional do direito das obrigações, fundado na valorização jurídica da vontade humana, e inaugura um novo paradigma para o direito obrigacional, não mais baseado exclusivamente no dogma da vontade (individual, privada ou legislativa), mas na boa-fé objetiva. [...] [grifo da autora] (MARTINS-COSTA, 2000, p. 394).

3.2.1 *O primeiro caso judicial: alienação do fundo de comércio da fábrica de Juta de Santana*

A primeira vez que o tema foi abordado pelo Poder Judiciário brasileiro foi por meio de um célebre processo movido pela Companhia Nacional de Tecidos de Juta contra o Conde Álvares Leite Penteado e a Companhia Paulista de Aniagens, em São Paulo, no ano de 1913.

Figuraram como advogados adversos, respectivamente, J. X. Carvalho de Mendonça e Rui Barbosa, sendo que este último só assumiu o patrocínio da causa após a decisão do Supremo Tribunal Federal em grau de apelação.[21]

Versava o caso sobre um acordo negocial celebrado, em 9 de setembro de 1907, entre o conde Álvares Penteado e os industriais Jorge Street, Ildefonso Dutra e Alexandre Leslie, cujo objeto era fundir as fábricas Sant'Ana, São João e Santa Luzia, constituindo, para esse efeito, uma sociedade anônima, cujo patrimônio consistiria nesses estabelecimentos (BARBOSA, 1948, p. 25).

O conde Álvares Penteado e sua esposa alienaram a nova sociedade, Companhia Nacional de Tecidos de Juta, localizada no bairro da Mooca, em São Paulo (capital), pelo valor total de 10.500 contos de réis, sendo 7.500 contos de réis referentes aos bens componentes da fábrica e 3 mil contos de réis relativos à posição conquistada, no mercado, pelo prestígio e habilidade negocial do Conde.

[21] O prazo regimental vigente era de dez dias para interposição dos embargos declaratórios, mas o Supremo Tribunal Federal dilatou o prazo por especial deferência a Rui Barbosa, que o escreveu em pouco mais de quatro meses.

Após um ano, o Conde abriu nova fábrica, denominada Companhia Paulista de Aniagens, no mesmo bairro onde funcionava a antiga Fábrica de Juta, o que motivou os acionistas da Companhia Nacional de Tecidos de Juta da época a proporem a ação em análise, no foro federal de São Paulo, sob argumento de que o Conde estava concorrendo com a sociedade anônima, devendo "ser condenado, solidariamente com a Companhia de Aniagens, a restituir os três mil contos correspondentes à estimativa da posição e freguesia da fábrica alienada e mais os juros de mora, perdas e danos" (MORATO, 1948, p. XII).

J. X. Carvalho de Mendonça, patrono da empresa autora, alegava que o Conde contribuiu, ainda que com coisas incorpóreas, para a formação do capital da sociedade anônima, razão pela qual não as poderia retirar ou subtrair, no todo ou em parte, estando, ao contrário, obrigado a fazer boa a coisa vendida, na forma do art. 214 do Código Comercial de 1850, aplicado por analogia.

O juízo de primeiro grau não acolheu as razões da autora e, confirmando a tese dos réus, afirmou que a cláusula de não-concorrência não fora pactuada e que, em sua ausência, não se pode presumir a renúncia ao exercício de determinado ramo de comércio ou indústria em face do princípio da livre concorrência. Fundamentou, ainda, que a freguesia não fora objeto do negócio, seja porque não constava da escritura, seja porque a avaliação dos bens da Fábrica para constituição da Companhia de Juta não destaca a clientela como valor autônomo.

Em seguida, a empresa autora obteve êxito, em grau de apelação, junto ao Supremo Tribunal, que entendeu: 1) a clientela foi objeto do negócio, vez que a avaliação das quotas com que os sócios da Fábrica fundaram a Companhia de Juta incluiu a posição conquistada pela fábrica graças ao prestígio do Conde e à sua clientela; e 2) o transmitente estava sujeito à obrigação da garantia contra turbação na posse e no domínio da coisa vendida, na forma dos arts. 209, 214 e 215, todos do Código Comercial de 1850.

Quando só restava a interposição de embargos, último recurso existente à época, os réus nomearam, como novo patrono, Rui Barbosa, que obteve êxito em sua tese: os embargos foram julgados procedentes, por maioria de seis votos contra três.[22]

[22] Foram votos vencidos os Ministros Pedro Lessa, Guimarães Natal e Godofredo Cunha. (BARBOSA, 1948, passim).

O aspecto principal do caso era identificar se no preço da alienação realizada estava incluída ou não a cessão da clientela. Abaixo constam os principais argumentos de Rui Barbosa, com a maestria que lhe era peculiar:

I – na constituição da sociedade anônima Companhia Nacional de Tecidos de Juta, seu capital não incluiu, explícita ou implicitamente, a clientela da Fábrica de Santana;

II – na cessão de estabelecimento industrial ou comercial não se presume a renúncia do cedente ao direito de se restabelecer em atividade similar; tal renúncia deve ser expressa e contratualmente prevista, sob pena de infringir o princípio da livre concorrência;

III – a clientela não faz parte do fundo de comércio, podendo até constituir valor à parte e ser objeto de convenção autônoma, de forma que não se pode presumir que esteja incluída nas alienações de estabelecimento mercantil e, mesmo que expressa, não acarreta a proibição do restabelecimento, salvo cláusula explícita nesse sentido;

IV – o caso trata da transferência de estabelecimento industrial, razão pela qual não cabe a inclusão da clientela e vedação ao restabelecimento, que são inerentes aos fundos de comércio; e

V – ainda que se admitisse a proibição ao restabelecimento, esta seria nula, vez que sem limite temporal ou geográfico.

Rui Barbosa concluiu, em resumo, que a cessão de clientela não se presume, devendo ser manifesta, e que a cláusula de não-concorrência resulta da inclusão da cessão de clientela como objeto do negócio ou da convenção expressa das partes. Esta tese foi vitoriosa, contrariando o adotado pela jurisprudência a partir de então.[23] A corrente de Carvalho

[23] Embora a tese de Rui Barbosa não fosse acolhida pela maioria das decisões jurisprudenciais proferidas após o caso em tela, se fez presente em algumas decisões atuais, como revela a seguinte ementa: "*Cominatória – abstenção de exploração comercial – venda de fundo de comércio – ilícito contratual inexistente – falta de previsão expressa e formal de obrigação de não se restabelecer – concorrência desleal não caracterizada – indenização descabida – recurso desprovido.* Na atualidade do nosso sistema jurídico, a renúncia do direito ao exercício de determinado ramo de comércio ou indústria não se presume, devendo ela ser expressa, ou pelo menos resultar de modo inequívoco dos termos do contrato para que na solução dos conflitos não prevaleça contra o princípio soberano da livre concorrência. Apenas, no futuro, com a entrada em vigor do novo Código

de Mendonça foi ganhando força nos tribunais e prevaleceu até a vigência do Código Civil de 2002.

Ocorre que o debate jurídico, nesse caso pioneiro, partiu da verificação sobre se o contrato envolvia ou não uma cessão de clientela, desviando-se do ponto central, qual seja a pós-eficácia das obrigações. Nesse sentido, ensina Mota:

> O âmago jurídico do caso era o de saber se a cessão de clientela podia ser considerada implícita na natureza do negócio avençado (venda de fundo ou estabelecimento industrial) e se, sendo positiva a resposta, isso implicava no dever pós-eficaz ao cumprimento da obrigação principal (compra e venda) de renúncia da parte do cedente ao direito de restabelecer-se com estabelecimento similar. Uma questão relevante, ainda levantada, era a de saber se tal dever pós-eficaz sofreria restrições quanto ao tempo e quanto ao lugar (2001, p. 211).

As limitações no objeto de estudo do processo em tela decorreram do dogma da autonomia privada, que predominava nesse período. O contrato era expresso como única fonte legítima de convenções vinculantes para as partes, provocando no debate o desvio do fundamento correto. O fato de o Conde Álvares Penteado ter vendido a fábrica com ou sem cessão de clientela não deveria importar, pois, ao contrário do que sustentava Rui Barbosa, era evidente que o Conde estava a descumprir um dever de garantia do negócio realizado (MOTA, 2001, p. 213).

Ocorre que esse dever de garantia[24] poderia ter sido fundamentado na boa-fé existente na própria legislação vigente à época, para justificar a

Civil aprovado pela lei n. 10.406, de 07 de janeiro de 2002, a situação será outra, uma vez dispor o seu artigo 1.147, que 'não havendo autorização expressa, o alienante do estabelecimento não pode fazer concorrência ao adquirente, nos cinco anos subseqüentes à transferência'. Não prevendo o contrato a obrigação de não se restabelecer, a criação de nova empresa pelo alienante para explorar o mesmo ramo de atividade não caracteriza uma concorrência desleal" (SÃO PAULO, 2002).

[24] O dever de garantia foi, inclusive, citado na doutrina constante nos autos "[...] do processo Álvares Penteado/Companhia Nacional de Tecidos de Juta, numa decisão de 28 de agosto de 1843 da Corte de Apelação de Lyon, colhida na doutrina clássica de Aubry e Rau. Ensinam estes, fundados na decisão, que, na alienação de um *fonds de commerce* (fundo ou estabelecimento de comércio)

fruição pelo comprador do negócio realizado. O Código Comercial de 1850 estabelecia, em seu art. 131, inciso I,[25] que, sendo necessário interpretar as cláusulas do contrato, além das regras sobreditas, dever-se-á regular mais pela boa-fé e pelo verdadeiro espírito e natureza do contrato do que pela rigorosa e restrita significação das palavras.

Vale destacar o voto vencido do Ministro Pedro Lessa, que explica a obrigação de não-concorrência (dever de garantia) como decorrente da transferência do estabelecimento, ainda que não exista previsão contratual:

> Nenhum motivo tenho para modificar a doutrina sustentada no meu voto, proferido nesta causa por ocasião de julgar a apelação. A luminosa sustentação dos embargos, que, por seu eminente patrono, ofereceram os réus, apelados, mais arraigou a minha convicção de que inquestionàvelmente a doutrina jurídica é a que perfilhei no aludido voto.
>
> Em primeiro lugar repetirei a lição de Vivante, uma das maiores autoridade na matéria, senão a maior de tôdas, é exatamente a que resumi: [...] "Ceder um estabelecimento comercial importa, pois em tese, salvo estipulação contrária, na transferência e conseqüentemente na garantia da clientela e da posição do estabelecimento. [...]" Logo depois afirma o exímio jurisconsulto que na compra e venda de um *fonds de commerce* tudo se concentra na freguesia, e a solução

se entende implícita a cessão do *achalandage* (clientela) e, como conseqüência desta, *uma vez que os contratos devem ser executados de boa-fé*, a interdição ao vendedor, ao menos em data próxima à venda, de abrir na vizinhança outro estabelecimento da mesma natureza. [...] A Corte de Apelação de Lyon nada mais fez nessa decisão do que aplicar o artigo 1.134 do Código Napoleão que estabelecia que as convenções legalmente formadas devem ser executadas de boa-fé [...]. Embora, no entendimento então dominante, o juiz estivesse jungido à convenção do mesmo modo como estaria pela própria lei, não podendo modificá-la em nome da eqüidade, ele tinha, entretanto, um poder soberano de interpretá-la, sob a condição de não desnaturá-la. Foi o que fez a Corte de Lyon ao estabelecer que, *considerando que os contratos devem ser executados de boa-fé*, o vendedor do estabelecimento tinha para o comprador um dever de garantia do resultado da coisa vendida (a cessão da clientela) e, deste modo, estava obrigado a não se restabelecer na vizinhança com o mesmo ramo de negócio [grifos do autor]" (MOTA, 2001, p. 214-216).

[25] Dispositivo revogado pela Lei 10.406/2002, atual Código Civil.

> da doutrina e da jurisprudência é que o vendedor que garante as cousas vendidas, também garante a clientela, que é uma das cousas vendidas. [...] Uma única interpretação de boa fé pode ser dada aos contratos em virtude dos quais Álvares Penteado, vendeu a sua primeira fábrica de sacos aos autores: a manifesta intenção das partes era que ficasse o vendedor inibido de se reestabelecer com a mesma indústria. [...]
>
> Foi por tudo isso que julguei a apelação, declarando que a freguesia estava cedida e Penteado era obrigado a respeitá-la, não podendo restabelecer-se de novo com fábrica da mesma espécie.
>
> [...] o próprio Vivante devia reconhecer que, de acordo com a sua doutrina, Penteado era obrigado a não concorrer com os compradores no mesmo gênero de indústria. Para essa conclusão, foi obrigado a arrimar-se a umas considerações gerais, em meio das quais incluiu a de que o Brasil espera que a livre concorrência das energias individuais lhe produza a elevação econômica!... Bem aviado ficará o Brasil, se quiser promover o seu desenvolvimento econômico, recusando as garantias legais aos capitais aplicados às indústrias (LESSA, 1948, p. 355-369 passim).

Entretanto, Pedro Lessa restou vencido nessa discussão, tendo o dogma da autonomia da vontade prevalecido, de forma que a tese vencedora foi a de que, sem expressa previsão contratual, não se pode admitir a cessão da clientela, podendo, conseqüentemente, o alienante se restabelecer, na mesma localidade, com o mesmo ramo de indústria.

Enquanto a autonomia privada foi considerada um dogma inabalável, em que toda vinculação jurídica decorria única e exclusivamente da vontade expressa das partes, a compreensão das obrigações como uma totalidade composta pela boa-fé não pôde se estabelecer plenamente. A simples existência de uma cláusula geral de boa-fé ou o reconhecimento da noção por parte da doutrina foi insuficiente para consolidar a boa-fé como instituto jurídico atuante.

Desse modo, apenas com a superação do conceitualismo e com a crise da concepção positivista do direito, sobretudo a partir do fim da Segunda Guerra Mundial, é que a boa-fé adquiriu força como instituto jurídico verdadeiramente aplicado, na sua acepção objetiva, como norma de correção e lealdade no vínculo obrigacional (MOTA, 2001, p. 217).

3.3 Obrigação de não-concorrência na ordem constitucional

Neste item será abordada a obrigação de não-concorrência no contexto da Constituição Federal de 1988, analisando-se, para tanto, os seus princípios.

O Estado elegeu como princípio da ordem econômica a livre concorrência, harmonicamente conciliado com o princípio da livre-iniciativa, assegurando, portanto, a todos o livre exercício de qualquer atividade econômica, respeitadas as ressalvas legais (CF/1988, art. 170, *caput*, I e parágrafo único).

Da análise da Constituição de 1988 depreende-se que a concorrência é um instrumento para o alcance de outro bem maior, qual seja a existência digna, conforme ditames da justiça social. Assim, a proteção da concorrência, defendida constitucionalmente, possui um caráter instrumental, de forma que o Estado só intervenha na economia para que se opere o equilíbrio das possibilidades de concorrência no mercado, tornando ilegal todas as formas de abuso do poder econômico que tenham por finalidade dominar o mercado, eliminar a concorrência e aumentar, arbitrariamente, os lucros (CF/1988, art. 173, § 4.º).

Nesse sentido, Silva afirma o seguinte:

> [...] a evolução das relações de produção e a necessidade de propiciar melhores condições de vida aos trabalhadores, bem como o mau uso dessa liberdade e a falácia da "harmonia natural dos interesses" do Estado liberal, fizeram surgir mecanismos de condicionamento da iniciativa privada, em busca da realização da justiça social, de sorte que o texto supratranscrito do art. 170, parágrafo único, sujeito aos ditames da lei, há de ser entendido no contexto de uma Constituição preocupada com a justiça social e com bem-estar coletivo (2001, p. 772).

A liberdade de iniciativa econômica é um princípio fundamental do liberalismo econômico, uma garantia para o desenvolvimento livre da atividade escolhida, sendo que, com o Estado Democrático de Direito, passou a ser legítima, apenas, quando exercida no interesse da justiça social. Apresenta-se hoje, portanto, dentro de uma Constituição voltada para a realização da justiça social, na qual o fim condiciona os meios.

Da mesma forma, afirma Grau que "o princípio da justiça social visa a existência digna cuja realização é o fim da ordem econômica e compõe um dos fundamentos da República Federativa do Brasil (art. 1.º, III)" (2001, p. 259).

Popp e Abdala também acentuam o fim social, ao afirmar que a livre concorrência advém da liberdade de iniciativa econômica, por meio da qual o mercado se aperfeiçoa, devendo sua utilização ser efetuada visando uma ordem social justa (1997, p. 29).

Resta evidente que a livre concorrência, com a passagem do Estado Liberal ao Social, passou a condicionar-se à função social do direito subjetivo, de tal forma que não mais pode ser exercida de forma a acarretar prejuízos ilícitos a terceiros, pois a livre concorrência em excesso já se revelou nefasta.

Essa liberdade de acesso e de competição no exercício da atividade econômica não pode ser absoluta, ficando sujeita a limites que possibilitem harmonizar a utilização desses princípios com a esfera jurídica alheia e a sua função social.

Nesse aspecto, vale transcrever o entendimento de Leães:

> [...] Como acentua o art. 2.595 do Código Civil Italiano, intitulado limiti legali della concorrenza, "a concorrência deve ser desenvolvida de modo a não lesar os interesses da economia nacional e nos limites estabelecidos pela lei". Daí a existência de uma série de limites legais à liberdade de iniciativa e de competição, arrolados pela doutrina [...] [grifos do autor] (1998, p. 233).

É a própria Constituição Federal que determina alguns dos limites legais à livre-iniciativa e à livre concorrência, tal como a atuação do Estado como agente normativo e regulador da atividade econômica (art. 174 da CF/1988), que representa o poder de polícia, limitador da liberdade econômica dos particulares. A intervenção direta do Estado na atividade econômica, "quando necessária aos imperativos da segurança nacional ou a relevante interesse coletivo, conforme definidos em lei" (art. 173, *caput*, da CF/1988), também possui a função de restringir a área de atuação dos particulares.

Da mesma forma, a Carta Magna, no § 4.º do art. 173, combate o abuso do poder econômico, estabelecendo limites à atividade econômica quando esta visar "à dominação dos mercados, à eliminação da concorrência e ao aumento arbitrário dos lucros".

Os limites impostos à liberdade de iniciativa e de competição econômica acima descritos visam conservar e preservar a atividade econômica.

Além dos limites ora apresentados, decorrentes de imposição legal, outras restrições podiam ser estipuladas por convenção dos próprios concorrentes, como as cláusulas de não-concorrência, que já eram admitidas na transferência do estabelecimento, desde que se observassem os limites temporal, geográfico e substancial. Com o advento do Código Civil de 2002, a regra de não-concorrência passou a ser uma obrigação legal prevista no art. 1.147.

Dessa forma, a regra de não-concorrência deve ser analisada levando-se em conta que a concorrência é o meio para adquirir dignidade e justiça social coletiva, razão pela qual, embora limite ou restrinja a concorrência, não será inconstitucional. Na hipótese de transferência do estabelecimento empresarial, os princípios da livre-iniciativa e da livre concorrência devem ser observados com restrições, qual seja o impedimento do restabelecimento do transmitente.[26]

É importante registrar que a proibição de concorrência não representa o fim da vida empresarial do impedido, pois este somente não poderá se estabelecer de novo em condições que lhe permitam atrair a clientela do antigo estabelecimento. A referida clientela entrou na composição do preço para efetivar a transferência do estabelecimento, tratando-se, portanto, da tutela do adquirente na conservação do valor do aviamento.[27]

[26] Neste sentido, defende Queiroz: "A proibição de concorrência do alienante não deve ser encarada como uma simples e inexorável limitação da liberdade de iniciativa deste, mas como uma garantia do equilíbrio e da igualdade entre os competidores, que é o escopo final da disciplina econômica e o corolário dos princípios constitucionais da liberdade de iniciativa econômica e da livre concorrência. Devemos procurar o ponto de equilíbrio entre os princípios e a possibilidade de autolimitação deles, tendo em vista os interesses que estão em jogo e que não devem ser encarados sob um ponto de vista unitário nem maniqueísta" (2000, p. 119).

[27] Assim também entende Queiroz, ao afirmar que: "Parece inegável que uma proibição ampla de restabelecimento, sem qualquer restrição, seria contrária ao interesse público, não tendo como sustentar-se frente à ideologia constitucional. Quando aplicada na intensidade adequada – possibilitando ao alienante o desenvolvimento de atividade econômica que não seja agressiva ao adquirente e, desta forma, garantindo a completa fruição do complexo empresarial alienado – certamente estarão sendo atendidos os reclamos do desenvolvimento econômico fundado na liberdade, na lealdade e na boa-fé" (2000, p. 119-120).

Assim, não parece justo que um empresário angarie uma larga clientela e depois transfira, por um valor alto, o seu estabelecimento para em seguida abrir um novo, no mesmo ramo e em frente ao anterior. Parece evidente que a clientela, que já o conhece, o seguirá. O estabelecimento que restou para o adquirente ficou sem clientela, o que pouco ou nada vale.

O objetivo da proibição contratual é impedir o enriquecimento indevido do transmitente, por meio do desvio da clientela do antigo estabelecimento. A proibição de concorrência não se constitui de forma absoluta não só porque admite convenções em contrário, mas também porque visa impedir ato capaz de diminuir ou desviar a clientela do estabelecimento que se cedeu.

3.3.1 Princípio da proporcionalidade

O princípio da proporcionalidade funciona como balizador para os conflitos entre princípios ou entre eles e regras, buscando, em determinado caso, privilegiar um em detrimento do outro, sem "quebrar" a sistemática do ordenamento, de forma a eliminar qualquer excesso capaz de prejudicar uma das partes envolvidas. Isto porque a questão não se resolve com a determinação imediata da prevalência de um princípio sobre outro, mas é estabelecida em função da ponderação entre os princípios colidentes, pela qual um deles, em determinadas circunstâncias concretas, recebe a prevalência. É só a aplicação dos princípios diante dos casos concretos que os materializa mediante regras de colisão.

O princípio em tela não está previsto, expressamente, na Constituição Federal em vigor, mas pode ser reconhecido por meio do disposto no § 2.º do art. 5.º, que afirma: "Os direitos e garantias expressos nesta Constituição não excluem outros decorrentes do regime e dos princípios por ela adotados".[28] Afinal, não se pode conceber um ordenamento jurídico sem a razoabilidade entre suas leis.

Da mesma forma, Grau e Forgioni (2005, p. 280), sustentam que: "A opinião dominante, porém, não só entre nós como na doutrina e na jurisprudência estrangeiras, é que a cláusula de não-restabelecimento só é ilícita quando absoluta. Não se pode privar alguém definitivamente de exercer o seu trabalho [...]".

[28] A origem do princípio da razoabilidade também se justifica pelo art. 5.º, LIV, da Constituição Federal ("ninguém será privado da liberdade ou de seus bens sem o devido processo legal"), visto que este dispositivo regula o princípio

Aparecendo como garantia constitucional implícita, o princípio da proporcionalidade está presente em todas as relações jurídicas. Serve como norte diante dos interesses antagônicos, quando analisa os eventuais sacrifícios e sopesa qual será o de maior proporção. Deve-se, então, no caso concreto, aplicando o princípio da proporcionalidade, optar pelo sacrifício menor.

Não existe princípio que possa ser acatado de forma absoluta, em toda e qualquer hipótese, pois uma tal obediência unilateral e irrestrita a uma determinada pauta valorativa – como a individual – termina por infringir uma outra – por exemplo, coletiva. Portanto, há uma necessidade lógica, e até axiológica, de postular um "princípio de relatividade", que é o princípio da proporcionalidade, para que se possa respeitar normas, como princípios, tendentes a colidir quando se opera concretamente com o Direito (GUERRA FILHO, 2004, p. 4).

Esse princípio, também denominado princípio dos princípios ou princípio da razoabilidade, é o alicerce de todo o ordenamento jurídico. Barroso aponta os seguintes atributos para o razoável: "o que seja conforme à razão, supondo equilíbrio, moderação e harmonia; o que não seja arbitrário ou caprichoso; o que corresponda ao senso comum, aos valores vigentes em dado momento ou lugar" (1996, p. 204-205).

Existe muita controvérsia sobre a equivalência do princípio da proporcionalidade ao da razoabilidade. Adota-se, neste ensaio, a posição de Canotilho que explica o princípio da proporcionalidade ou da proibição do excesso como regra da razoabilidade[29] por meio da qual o juiz busca avaliar, no caso concreto, "as dimensões do comportamento razoável tendo em conta a situação de fato e a regra precedente" (2002, p. 267).

O princípio da proporcionalidade compreende os seguintes subprincípios ou princípios parciais:

a) da adequação – o meio eleito para realizar o fim de uma norma deve ser apropriado, "adequado" para atingir o resultado almejado;

do devido processo legal, de forma a conter os desmandos do Poder Público, fazendo este exercer a adequada prestação jurisdicional.

[29] Conquanto existam divergências doutrinárias sobre a matéria, esta pesquisa considera *razoabilidade* sinônimo de *proporcionalidade*.

b) da necessidade – a medida deve ser estritamente necessária, não podendo exceder os limites indispensáveis ao fim legítimo que se busca. Deve-se adotá-la se for a menos onerosa;

c) da proporcionalidade *stricto sensu* – é a proporcionalidade tomada em sentido estrito; expressa a equivalência entre o meio empregado e o fim a ser alcançado por uma norma, equilibrando as vantagens e desvantagens decorrentes da restrição a princípio ou direito visando proteção de outro direito fundamental ou bem constitucionalmente protegido. Deve haver um sopesamento de valores, para se buscar a proporcionalidade. A medida deve trazer mais benefícios que prejuízos.

A classificação supra é adotada pela maioria dos doutrinadores (CANOTILHO, 2002, p. 269-270; BONAVIDES, 2003, p. 396-398; CLÈVE e FREIRE, 2003, p. 240), de forma que, nas hipóteses de restrição legislativa dos direitos e garantias, o princípio da proporcionalidade assegura que a limitação seja adequada (apropriada), necessária (exigível) e proporcional (com justa medida).

Tal princípio teve sua origem na limitação do poder executivo, sendo largamente utilizado no direito administrativo, até que, posteriormente, foi erigido como princípio constitucional. Atualmente, já se reconhece que o princípio da proporcionalidade incide na esfera privada, pois os direitos e obrigações do direito privado deverão ser conformados pelos princípios essenciais e constitutivos do Estado Democrático de Direito.

Num Estado Democrático de Direito como o Brasil não se pode pensar no direito civil como composto, apenas, pelos interesses individuais, mas também como ordenamento funcional desses interesses com os de natureza pública, pois o princípio da proporcionalidade é essência do Estado de Direito, na medida em que representa uma garantia fundamental aos direitos, uma proteção às liberdades. Tal princípio se traduz como um princípio geral do direito, utilizado na hermenêutica do ordenamento jurídico.

Também Canotilho entende que o princípio da proporcionalidade, embora com aplicação mais importante na restrição de direitos, liberdades e garantias por atos dos poderes públicos, "estende-se aos conflitos de bens jurídicos de qualquer espécie [grifo do autor]" (2002, p. 272).

Após tais registros conceituais, é necessário vinculá-los ao objeto deste ensaio. Ao incidir a obrigação de não-concorrência sobre o caso concreto, deve sempre ser observado o princípio da proporcionalidade a fim de que as restrições aos princípios da livre-iniciativa e da livre concorrência sejam na medida exata da proteção ao estabelecimento transferido. A obrigação de não concorrer restringe a liberdade do transmitente do estabelecimento de se associar livremente para exercer uma atividade profissional, de exercer livremente qualquer atividade e de concorrer, também, livremente. Então, ao incidir a regra da não-concorrência em um caso concreto, a proibição deve ser na medida suficiente para impedir a disputa pela mesma clientela já conquistada pelo transmitente, eliminando-se, portanto, qualquer excesso.

Uma proibição excessiva resultaria no desrespeito aos princípios da livre-iniciativa (art. 170 e seu parágrafo único), livre concorrência (art. 170, IV) e liberdade de ação profissional (art. 5.º, XIII). A obrigação de não-concorrência existe para proteger o estabelecimento empresarial objeto do negócio jurídico. Sua finalidade não poderia ser de restringir, ilimitadamente, os direitos do transmitente.

É necessário colocar na balança os princípios que estão em colisão com os direitos: de um lado, a restrição à livre concorrência e à livre-iniciativa; e de outro, a obrigação de garantia do vendedor (regra da não-concorrência). Para manter o equilíbrio dos dois lados da balança, deve-se aplicar o princípio da proporcionalidade, oferecendo, ao caso concreto, a solução ajustadora.

3.4 Regra da não-concorrência: obrigação de não fazer

Dúvidas não há de que a obrigação de não-concorrência é uma obrigação de não fazer, na qual o impedido não poderá concorrer com o adquirente do estabelecimento, consistindo em uma abstenção em evitar que o ato seja praticado.

Tal entendimento é confirmado por Bulgarelli, que classifica as obrigações do alienante do estabelecimento em "[...] de dar (portanto, fazer) a entrega do estabelecimento; a de fazer, referente à possível cessão dos contratos em vigência; e de não fazer, consistente na abstenção da concorrência [...]" (2000, p. 336).

Nesse sentido, Barreto Filho defende que a cessão de clientela se resolve em vários tipos de obrigações:

> [...] 1.º) obrigações de dare, que se referem à transmissão dos bens que constituem fatores de clientela; 2.º) obrigações de facere, que consistem na apresentação do novo titular aos clientes (por meio da

publicidade, da cessão da insígnia e do título da casa) [...]; 3.º) obrigações de non facere, que impõe ao alienante a interdição da concorrência em relação ao adquirente (BARRETO FILHO, 1969, p. 242).

O Código Civil de 2002 não apresenta a definição da obrigação de não fazer, embora discipline as obrigações e estabeleça princípios fundamentais. Resta, portanto, à doutrina estabelecer a sua noção.

As obrigações se dividem em positivas e negativas, de acordo com a espécie de prestação que lhes constitui o componente objetivo. O objeto das obrigações negativas é uma conduta omissiva, pois a sua prestação consiste em um comportamento de abstenção.

Mendonça define obrigação como "[...] a relação jurídica de natureza patrimonial mediante a qual a pessoa que assume a qualidade de devedor é vinculada a uma prestação para com outra pessoa, o credor" (2003, p. 235).

Depreende-se a existência de, no mínimo, duas pessoas: a que está obrigada denomina-se devedor (sujeito passivo); e a outra, que tem direito à prestação, credor (sujeito ativo).

A obrigação constitui uma relação abstrata entre dois ou mais sujeitos ligados por uma obrigação. No aspecto jurídico, a essa base pessoal (subjetiva) da sua essência soma-se a objetiva (patrimonial). Assumindo caráter autônomo, reflete os seus efeitos no patrimônio do credor e do devedor (MENDONÇA, 2003, p. 237).

É importante registrar que, justamente por representar elemento do patrimônio do credor e do devedor, a obrigação pode ser transmitida, tanto no sujeito ativo quanto passivo, sem alterar a sua composição ou seus efeitos. A possibilidade de transmissão ou não da obrigação de não-concorrência será objeto de análise do próximo item.

3.5 Caracteres da obrigação de não-concorrência

Em que pese o enquadramento da regra de não-concorrência como obrigação de não fazer, tem sido muito discutida a sua natureza, como pessoal ou impessoal e transmissível ou intransmissível.

Antes de adentrar no assunto, se faz necessária a divisão entre sujeito ativo e sujeito passivo da obrigação de não-concorrência. Para tanto, ressalta-se que a empresa é o objeto de direito e não o sujeito. A empresa é a atividade desenvolvida pelo empresário, sendo este o sujeito de direito.

Assim, a obrigação de não-concorrência terá como sujeito os sócios ou acionistas da empresa,[30-31] ou o empresário, quando firma individual.

Primeiro se analisará a natureza de tal obrigação no impedido (sujeito passivo), que está obrigado a não fazer concorrência.

3.5.1 Sujeito passivo da obrigação de não-concorrência

A obrigação de não-concorrência é pessoal e intransmissível, ou seja, o impedido não a transfere a seus filhos, cônjuge[32] ou demais parentes. O sujeito passivo, ao contrair a obrigação de não-concorrência, terá essa incumbência até que tenha expirado o prazo legal ou convencional,[33] a menos que venha a falecer, o que acarretará a extinção da obrigação.

Caso o impedido administre ou ajude no planejamento de novo estabelecimento, haverá fraude, o que poderá representar, além do des-

[30] Barreto Filho destaca que: "O *empresário*, como vimos, é um sujeito de direito, e a *empresa* é a atividade por ele organizada e desenvolvida, através do instrumento adequado que é o *estabelecimento*. A figura jurídica do empresário é determinada pela natureza da atividade por ele organizada e dirigida; sob este aspecto, a noção de empresário é, logicamente, um corolário da noção de empresa" [grifos do autor] (1969, p. 115).

[31] É necessário esclarecer que o acionista que será sujeito da regra da não-concorrência é aquele que está diretamente vinculado ao desenvolvimento da atividade empresarial, não podendo ser, por exemplo, o acionista que apenas investiu em uma sociedade anônima e detém 2% das ações.

[32] Importante destacar mais uma das inovações do CC/2002: o seu art. 978 determina que "o empresário casado pode, sem necessidade de outorga conjugal, qualquer que seja o regime de bens, alienar os imóveis que integram o patrimônio da empresa ou gravá-los de ônus real". Assim, resta evidente a intenção do legislador de separar as relações empresariais do marido das de sua esposa, o que reforça o entendimento de que a obrigação de não-concorrência não se transmite ao cônjuge se este não faz parte da empresa.

[33] Quando a obrigação de não-concorrência decorrer de arrendamento, usufruto ou alienação, será aplicada a regra do art. 1.147 do CC/2002, existindo, portanto, prazo legal de 5 anos, no caso de alienação, ou enquanto durar o contrato, nos casos de arrendamento e usufruto, podendo as partes pactuar prazo inferior ou, até mesmo, renunciar a tal obrigação. Já nos demais negócios jurídicos, como transferência do controle das ações ou quotas e comodato, o prazo não decorre de lei, mas de convenção das partes e, na omissão desta, tem prevalecido, na doutrina e na jurisprudência, o prazo de cinco anos (ver itens 3.6 e 3.8.2, ambos deste capítulo).

cumprimento da obrigação, crime de concorrência desleal, por desviar a clientela com meios ilícitos.

A simulação[34] acima apontada se sustenta porque o transmitente do estabelecimento infringiu a regra de não-concorrência por meios indiretos, por meio de interposta pessoa. Quanto mais próximo o parentesco entre o impedido e a *interposita personae*, mais forte será o indício de fraude.[35]

[34] Silva define simulação da seguinte forma: "No sentido jurídico, sem fugir ao sentido normal, é o *ato jurídico aparentado enganosamente* ou com fingimento, para esconder a real intenção ou para subversão da verdade. Na simulação, pois, visam sempre os simuladores a fins ocultos para engano de terceiros. Praticamente, a simulação resulta da substituição de um ato jurídico por outro, ou da prática de um ato sob aparência de um outro, como com a alteração de seu conteúdo ou de sua data, para esconder a realidade do que se pretende. [...] No entanto, a simulação somente se converte em vício ou defeito jurídico, que afete a validade do contrato, *quando houver intenção de prejudicar a terceiros, ou de violar a lei.* [...] Assim, somente a *fraude* atribuirá à simulação o caráter de vício suficiente para anular o *ato simulado*. E, nestas circunstâncias, os terceiros prejudicados poderão demandar a nulidade dele. [...]" [grifos do autor] (2003, p.1302).

[35] *Simulação. Contrato de compra e venda de estabelecimento. Obrigação de não fazer. Artigo 102, i, do Código Civil. Multa contratual. Multa diária. Condenação. Obrigação de não-concorrência. Cláusula válida. Recurso improvido.* [...] No mérito, não merece provimento o recurso interposto, visto que plenamente caracterizado o descumprimento da obrigação de não fazer, pelos apelantes, relativa à abstenção da construção de moendas para o recebimento de cereais e escritório de grãos, na área de atuação da apelada, conforme previsto na cláusula sétima, do contrato juntado aos autos, a f. 16. Em seu depoimento de f. 247, o mesmo apelante refere que ao vender parte da Cotrilu Comércio e representação de Produtos Agropecuários Ltda. à Cocamar, continuou atuando com a mesma empresa exatamente no ramo de comércio e representação de produtos agropecuários [...] que a Sra. Márcia, irmã do declarante e proprietária da Granocenter trabalha dentro de uma sala nas dependências da empresa do declarante, qual seja, a Cotrilu. Trata-se efetivamente, de uma das sócias da empresa referida, com 50% de participação, irmã de um dos réus, e ex-funcionária da empresa Cotrilu Comércio e Representação de Produtos Agropecuários Ltda., que, conforme referido, estaria praticando atividades [...] que são defesas aos apelantes referidos, conforme pactuado no contrato celebrado com a apelada, com previsão de aplicação de multa em caso de descumprimento. [...] Resta caracterizada, desta forma, a ocorrência de simulação, na modalidade prevista no inciso I do artigo 102 do Código Civil, conforme

Segundo Barreto Filho, a doutrina dominante entende que a interdição de concorrência é pessoal e intransmissível, tanto *causa mortis* como *inter vivos*, do lado passivo: "isto se explica porque a concorrência dos herdeiros ou sucessores do alienante não é qualificada por particular periculosidade" (1969, p. 245).

Também Leite considera intransmissível a proibição da concorrência aos herdeiros:

> Seria excessivo exigir-se dos herdeiros o cumprimento de cláusula explícita ou implícita de não-concorrência resultante de contrato de transferência de estabelecimento comercial celebrado por comerciante que venha a falecer. Evidentemente não poderão eles, ou qualquer deles, constituir estabelecimento que, por insinuação ou aparência, possa, por confusão, desviar a freguesia do estabelecimento cedido, por isso constituiria crime de concorrência desleal [...] (1975, p. 54-55).

Nesse aspecto, verifica-se que, na hipótese de falecimento do titular do estabelecimento após a transferência deste, a interdição da concorrência não atingirá os herdeiros, visto que se trata de obrigação *intuitu personae.*

descrito por Maria Helena Diniz, que ocorre se a parte contratante não for o indivíduo que tirar proveito do negócio. Esse sujeito aparente é designado como testa-de-ferro, presta-nome ou homem-de-palha. O negócio não é efetuado pelas próprias partes, mas por uma pessoa interposta ficticiamente (*Curso de Direito Civil Brasileiro*, Saraiva, 17. ed., 2001, p. 311). Trata-se, ademais, de simulação do tipo relativa, em que o ato de constituição da nova sociedade é válido, mas que pode ter servido para encobrir o verdadeiro sujeito ativo na prática de outros atos negociais, a fim de burlar obrigação contratual de não fazer com a qual os réus referidos se comprometeram perante a autora, como foi o caso da prestação de serviços noticiada pelo contrato de f. 110/113. Dessa forma, tratando-se de simulação relativa, o fato de ter o dr. Juiz sentenciante preservado a validade dos atos de constituição da empresa Granocenter não descaracteriza a simulação referida, visto que configurada a infração à obrigação negativa assumida pelos apelantes, objeto da presente demanda. [...] Finalmente, descaracterizada a ilicitude do objeto do contrato, mostra-se inaplicável o disposto no artigo 166 do Novo Código Civil, que consagra, para a hipótese, a sanção de nulidade do negócio jurídico. Fica mantida, portanto, integralmente, a sentença recorrida. Face ao exposto, *acordam* os integrantes da Quarta Câmara Cível do Tribunal de Justiça do Estado do Paraná, por maioria de votos, negar provimento ao recurso (PARANÁ, 2003).

Não se pode admitir que a liberdade para exercer qualquer atividade empresarial possa, por longo encadeamento hereditário, ser diminuída por seus antepassados. O herdeiro que nunca participou da atividade empresarial não detém *know-how*[36] sobre o estabelecimento, não possuindo, portanto, ferramentas aptas a desviar a clientela.

Perlingieri cita jurisprudência sustentando que a obrigação de não-concorrência não se estende ao cônjuge do impedido:

> Com base no parágrafo segundo da norma em observação é igualmente concedido às partes (do contrato) estabelecer uma regulamentação nos limites da operatividade da proibição. Sobre isso, fica mantido que o cônjuge não seja vinculado ao acordo de não-concorrência estipulado ao outro cônjuge com o contrato de transferência da sua empresa.[37]

Vale destacar, nesse sentido, o pensamento de Cohen:

> [...] de um modo geral, entende-se que a obrigação não pesa, em princípio, sobre os filhos do vendedor, em vida deste, salvo se lhe servem de interposta pessoa ou recebe dele ajuda e assistência [...]. Para o cônjuge também se estende outro tanto, excepto se o estabelecimento é comum ou o cônjuge concorreu para a venda, assumindo um encargo pessoal. [...], apud CARVALHO, 1967, p. 496).

Entretanto, há doutrinadores, como Carvalho, que entendem ser controverso o âmbito pessoal da obrigação de não-concorrência, ou seja, as pessoas que tal proibição atinge, além do transmitente: "[...] parecem ser obrigadas por ele: os filhos, o cônjuge, os herdeiros, os sócios membros da sociedade alienante, ao menos em certas condições" (1967, p. 491-496). Ripert considera a esposa, os filhos e até mesmo a concubina do alienante obrigados a não concorrer, pois poderiam ser consideradas pessoas interpostas (1947, p. 207).

[36] "Habilidade adquirida pela experiência; saber prático" (HOUAISS, 2004, p. 1.702).

[37] "In base al co. 2 della norma in esame è, altresí, consentito alle parti contraenti addivenire ad una regolamentazione pattizia dei limiti di operatività. A tal proposito si è ritenuto che il coniuge non sia vincolato dal patto di non concorrenza stipulato dall'altro coniuge con il contratto di alienazione della sua azienda (Cass., 14 novembre 1974, n. 3613, in RFI, 1975, voce Azienda, c. 245, n. 12" (p. 659).

A extensão da obrigação de não-concorrência aos filhos, esposa etc. do transmitente do estabelecimento, como defendida por Carvalho e Ripert, não prevalece, se for considerado que a condição de parente do impedido não confere know-how capaz de desviar a clientela – quem pode e deve assumir o pólo passivo da obrigação é aquele capaz de desviar a clientela –, além do que acarretaria grande dificuldade em traçar até que grau de parentesco o impedimento deveria existir, pois seria muito subjetivo determinar até que ponto o parentesco influencia na manutenção da clientela conquistada pelo sujeito passivo (impedido), correndo-se, inclusive, o risco de excluir aqueles amigos que são mais próximos que os próprios parentes.[38]

Ademais, vale ressaltar que se o titular do estabelecimento passar de sujeito ativo para passivo, subsistirá a proibição de concorrência para o transmitente do primeiro negócio jurídico. O sujeito passivo contrai a obrigação de não-concorrência de forma pessoal e intransmissível, assumindo este dever até que expire o prazo legal ou convencional. Assim, mesmo na hipótese de o estabelecimento já ter sido novamente transferido, permanecerá a obrigação do impedido primitivo pelo prazo remanescente.

Nesse contexto, mister se faz exemplificar: A e B são sócios da empresa X e a trespassam (hipótese de transferência do estabelecimento empresarial) para C e D; neste caso, A e B contraíram a obrigação de não concorrer por cinco anos.[39] Após quatro anos da citada venda, C

[38] Almeida e Canha apresentam o "critério da perigosidade" como fundamental para a determinação dos sujeitos sobre os quais incide a obrigação de não-concorrência, e o qual se traduz na incidência da regra de não-concorrência sobre todos os sujeitos que, por seu contato com a empresa, são particularmente "perigosos" para o adquirente, como os familiares do alienante que, pelo especial contato com a clientela, sejam capazes de desviá-la (1993, p. 42). Ocorre que tal critério, por ser bastante subjetivo, inviabiliza a aplicação no caso concreto, incorrendo no risco de estender a obrigação de não-concorrência a um número excessivo de pessoas.

[39] Conforme explicitado no item 3.5 acima, a obrigação de não-concorrência tem como sujeito as pessoas que compõem a sociedade empresária, os sócios ou acionistas que tenham representação importante dentro da empresa, não sendo esta última o sujeito. Por meio do exemplo citado, resta evidente que a obrigação não é da empresa X, mas sim dos seus sócios A e B.

e D decidem vender a empresa X para Y. Pergunta-se: ainda subsiste a obrigação para A e B?

Sim! A obrigação de não concorrer subsiste pelo prazo remanescente (um ano) para A e B e uma nova obrigação surgiu para C e D pelo prazo de cinco anos. Isto porque o que a lei busca proteger é o estabelecimento empresarial objeto da transferência.

Nesse sentido, diz Magalhães que, caso o adquirente trespasse "[...] o estabelecimento, a obrigação, se ainda existir, subsiste para com o novo adquirente, porque é estabelecida na lei, ou convencionada, em defesa do estabelecimento" (1951, p. 294). Também Ripert defende que a cláusula de não-concorrência "[...] pode ser invocada pelos adquirentes sucessivos contra o vendedor primitivo, apesar da regra de relatividade dos contratos" (1947, p. 206-207).

3.5.2 Sujeito ativo da obrigação de não-concorrência

O sujeito ativo é o credor da obrigação de não-concorrência, ou seja, aquele que passou a ser o responsável pelo estabelecimento por meio de negócio jurídico (arrendamento, usufruto, alienação etc.), bem como os seus sucessivos e eventuais sucessores.

A obrigação de não-concorrência para o sujeito ativo possui regra única: quem adquire o estabelecimento terá direito de garantia, visto que existe para proteger o estabelecimento empresarial; por isso, o novo titular do estabelecimento sempre gozará de tal garantia.

Paes defende que: "A obrigação de não-concorrência é transmissível, do lado ativo, tendo o mesmo destino do estabelecimento ao ser transferido de novo para outro adquirente" (1980, p. 36).

Para Carvalho, é pacífica a

> [...] idéia de que o direito à abstenção de concorrência derivado da aquisição da empresa, cabe, enquanto essa abstenção deve durar, tanto ao adquirente e aos seus sucessores a título universal, como aos sub-adquirentes do negócio em questão, melhor: esse direito compete, enquanto a abstenção dever durar, ao último adquirente do estabelecimento. [...] (1967, p. 499).

Também Barreto Filho (1969, p. 245) entende que, no pólo ativo, a obrigação de não-concorrência segue a "sorte" do estabelecimento, caso seja novamente transferido.

3.6 Incidência da obrigação de não concorrer

O Código Civil de 2002, em seu art. 1.147, *caput* e parágrafo único, ao estabelecer a regra de abstenção da concorrência, deixa evidente sua incidência em três negócios jurídicos: alienação, arrendamento e usufruto. Do genêro alienação decorrem espécies, por exemplo, compra e venda (trespasse[40]) e doação. No primeiro negócio jurídico, mesmo antes da vigência do CC/2002, era muito freqüente o reconhecimento da obrigação de não-concorrência. O mesmo não ocorria na hipótese de doação.

Com o atual ordenamento civil, essa espécie de alienação gratuita[41] está sujeita à regra de não-concorrência, como preceitua o art. 1.147. É absolutamente adequada tal incidência, já que a clientela representa relação necessária à existência do estabelecimento empresarial, de forma que está implícita, na doação deste, a proibição de concorrência pelo doador durante o prazo de cinco anos, tempo suficiente para manuntenção da clientela pelo donatário. Caso contrário, não seria doação do estabelecimento mas tão-somente dos seus componentes.

Nos casos de arrendamento e usufruto[42] – negócios jurídicos em que se constituem direitos de uso e gozo sem a transferência plena da titularidade –, tanto o arredante quanto o nu-proprietário devem garantir o uso pacífico do estabelecimento, de forma a não desviar a clientela já conquistada (obrigação de não-concorrência).

Esta pesquisa defende a incidência da obrigação de não-concorrência, não só nas hipóteses do art. 1.147 do CC/2002, mas também toda vez que ocorrer a "transferência" do estabelecimento empresarial. Como explicitado no capítulo 2, haverá transferência toda vez que o estabelecimento for objeto de negócio jurídico que resulte na alteração de titularidade da esfera patrimonial de um sujeito para a de outro ou em que, apenas, ocorra a transferência do direito de uso ou de gozo a outrem.

Registra-se que na alienação do controle acionário ou de quotas sociais também ocorrerá a transferência do estabelecimento, pois, ao

[40] No caso de tranferência do estabelecimento empresarial, a título de compra e venda, a expressão adequada para designar o negócio jurídico é *trespasse* (ver item 2.1.1, cap. 2).

[41] Sobre doação, ver item 2.1.2, cap. 2.

[42] Sobre o assunto, respectivamente, ver itens 2.2.1 e 2.2.2, ambos do cap. 2.

transferir tal controle, segue junto todo o patrimônio da empresa, muito embora não sofra alteração em sua titularidade. Isto porque não se pode admitir, por exemplo, que um sócio de determinada empresa, detentor do controle das quotas sociais,[43] venda a sua participação societária e, em seguida, instale novo estabelecimento, no mesmo ramo e praça da sociedade à qual pertencia, pois poderá desviar a clientela que ajudou a conquistar no antigo estabelecimento. Assim, embora inexista previsão legal, a regra da não-concorrência também será aplicada nos casos de alteração significativa na composição societária ou acionária.

O primeiro litígio forense sobre a regra do não-restabelecimento[44] não abordou, precisamente, alienação de estabelecimento, mas cessão de ações, sendo que se discutiu, profundamente, sobre a concorrência do trespassante ao adquirente do estabelecimento, representando um marco sobre o assunto. Assim, embora inexista previsão legal, a regra da não-concorrência incidirá nos negócios de cessão de quotas ou ações, quando o cedente exercer, efetivamente, as funções de empresário na empresa cujo controle cedeu.

O fundamento para incidência da obrigação de não-concorrência nos negócios não previstos no art. 1.147 do CC/2002 decorre da boa-fé objetiva. Ao contrário do que ocorria quando do julgamento do primeiro caso judicial sobre o tema,[45] a obrigação contratual moderna está pautada no princípio da boa-fé, por meio do qual cada parte tem o dever de agir de forma a não lesar a confiança da outra parte.

[43] Para incidir a obrigação de não-concorrência na cessão de quotas e ações, é necessário que o sócio ou acionista tenha desenvolvido atividade de empresário relacionada com estabelecimento, daí porque se presume que quem detém o controle das quotas ou ações desempenhará tal atividade. Isso porque, se for o caso, por exemplo, de sócio capitalista – aquele que apenas investe no estabelecimento, sem nunca ter participado da sua administração –, não se pode cogitar do desvio da clientela e, conseqüentemente, não haverá incidência da proibição de concorrência.

[44] Ver item 3.2.1, deste capítulo.

[45] A aplicação da pós-eficácia das obrigações encontrava óbice na autonomia privada, que somente vinculava as partes às deliberações expressas feitas por estas no contrato, como ocorreu no caso judicial em que figuravam como partes, de um lado, a Companhia Nacional de Tecidos de Juta e, do outro, o Conde Álvares Penteado e a Companhia Paulista de Aniagens (ver item 3.2).

Nesse aspecto, a obrigação de não-concorrência, embora sem previsão legal, incidirá no caso de comodato, ainda que se trate de empréstimo gratuito. Isso porque, como o comodatário tem o dever de cuidar da coisa como se sua fosse, assumindo os ônus do estabelecimento, como impostos, taxas, aluguel do imóvel etc., é justo que o antigo titular não lhe cause prejuízos com o desvio da clientela.[46-47] O mesmo não ocorre com o penhor, pois na forma explicitada no item 2.2.4, cap. 2, o devedor continua explorando o estabelecimento, não ocorrendo, portanto, alteração em sua titularidade.

Já na alienação por espólio, este por meio dos herdeiros, assumirá a obrigação de não-concorrência, pois, no momento da celebração do negócio, o espólio é o titular do estabelecimento e, portanto, ficará impedido de desviar a clientela, o que difere da hipótese em que, após transferir o estabelecimento, o antigo titular faleça. Surge daí a questão analisada acima, no item 3.5.1, sobre a transmissão da interdição da concorrência aos herdeiros. Na primeira hipótese, trata-se da análise sobre a incidência da não-concorrência sobre o espólio, já titular do estabelecimento, enquanto, na segunda hipótese, é abordada a transmissibilidade ou não do não restabelecimento do antigo titular (agora falecido) para seus herdeiros.

A regra de proibição da concorrência não incide na hipótese em que o ramo do estabelecimento transferido seja alterado, ou seja: adquirindo-se uma loja de artigos femininos, ao transformá-la em uma lanchonete, não há tal regra. O adquirente não gozará da garantia, pois nesse caso o restabelecimento do alienante não resultará em desvio da clientela. De igual modo, o pacto de não-concorrência não incide quando o adquirente investe no estabelecimento apenas para eliminar a concorrência ou destruir um vizinho incômodo (cap. 2, item 2.1.1.2).[48]

3.6.1 Incidência da obrigação de não concorrer no direito italiano

Segundo Carvalho (1967, p. 504-505), o Código Civil italiano de 1942, em seu artigo 2557, estabelece que a obrigação de não-concorrência

[46] Para Mamede (2004, p. 195), a obrigação de não-concorrência não incide sobre cessão do uso e gozo gratuita, como o comodato.

[47] Sobre comodato, ver item 2.2.3, cap. 2.

[48] Importante registrar que o presente estudo se dirige à obrigação de não-concorrência decorrente da transferência do estabelecimento empresarial, razão pela qual não trata de tal regra vinculada ao contrato de trabalho.

implícita incide na alienação, locação e usufruto. Abrange-se, por unanimidade, naquele país, na definição de alienação, toda forma de cessão a título oneroso: venda, troca e dação em pagamento. Da mesma forma, para os atos gratuitos, a regra é de incidência da obrigação.

Ainda sobre o Código Civil italiano, Perlingieri destaca que há previsão legal para a incidência da proibição de não-concorrência nas hipóteses de transferência a título oneroso, de aluguel e de constituição em usufruto da empresa, mas que poderá ser estendida à transferência da empresa a título gratuito (p. 658-659).

Sobre doação, Ferrara (apud LEITE, 1975, p. 47-48) defende que, no direito italiano, o artigo 2557 do Código Civil impõe o impedimento de concorrência a quem aliena o estabelecimento, sem se restringir a certa causa de alienação, pelo que a regra se aplica a qualquer modalidade de alienação, inclusive à doação. Em seguida, Leite transcreve o entendimento de Giovanni Colombo sobre a incidência da não-concorrência na doação:

> [...] tem função instrumental para a plena realização do resultado econômico da transferência do estabelecimento, e tal instrumentalidade não é, de maneira alguma, atingida pela natureza gratuita do ato translativo. Deve, portanto, concluir-se pela subsistência da proibição, mesmo no caso de transferência gratuita, salvo vontade diversa das partes (1975, p. 48).

Também Cian e Trabucchi, ao coordenar obra contendo comentários ao Código Civil italiano, afirmam que a regra de não-concorrência não se aplica na transferência de cota social, mas se a transferência for da totalidade das cotas, aí sim incidirá tal regra (1992, p. 2.127).

Giulio Disegni defende que a regra da não-concorrência incide na cessão do controle de quotas sociais:

> É por isso evidente que, no caso de transferência de cotas societárias, quando trata-se de participação de controle, um tipo de verdadeira e própria transferência da empresa, pelo menos no que diz respeito ao resultado econômico alcançado, dando assim curso à substituição efetiva de um sujeito a um outro no controle e/ou gestão da empresa, integrou-se uma *fattispecie* análoga àquela prevista no artigo 2557 do CC.[49]

[49] "È dunque evidente che, nel caso la cessione di quote societarie ponga in essere, quando si tratta di partecipazione di controllo, una sorta di vera e pro-

A regra em tela também não incidirá sobre as atividades do transmitente, preexistentes à transferência do estabelecimento empresarial, conforme defendem Cian e Trabucchi.[50]

3.7 Concorrência desleal e a obrigação de não-concorrência

É preciso distinguir concorrência desleal[51] de obrigação de não-concorrência: ambos os institutos visam à tutela da clientela, mas são distintos. Para tanto, é necessário compreender o significado e abrangência da concorrência desleal.

Os atos de concorrência podem ser leais ou desleais, e, por conseqüência, lícitos ou ilícitos, sendo os últimos punidos legalmente. Os atos desleais são praticados por concorrentes que perturbam o livre funcionamento do mercado e acarretam prejuízos aos legítimos titulares dos direitos violados.

Para Miranda (2002a, p. 365), a concorrência desleal, praticada no exercício de uma atividade e com infração à livre concorrência, sempre resulta na abstenção ou indenização, podendo ser ou não reprimível criminalmente.

A Lei 9.279, de 14 de maio de 1996, ao regular os direitos e obrigações relativos à propriedade industrial, institui, em seu art. 2.º, V, a repressão à concorrência desleal como uma de suas "ferramentas" para proteção dos citados direitos,[52] para, mais adiante, em seu art. 195, definir quais atos configuram crime de concorrência desleal.

Para identificar se a concorrência é leal ou desleal, é preciso verificar quais os recursos empregados pelo empresário para conquistar a clientela,

pria cessione d'azienda, almeno per quanto riguarda il risultato economico raggiunto, dando così corso alla sostituzione effettiva di un soggetto ad un altro nel controllo e/o nella gestione dell'azienda, si è integrata una fattispecie analoga a quella prevista dall'artigo 2557 c.c."

50 "Il divieto si riferisce all'inizio, dopo il trasferimento dell'azienda, di nuove attività e non opera quindi con riferimento ad attività dell'alienante preesistenti al trasferimento medesimo [...]" (1992, p. 2.127).

51 Segundo Antônio Houaiss: "Concorrência desleal é [...] ato de um comerciante ou industrial, em seu próprio benefício, faltar à ética na disputa pelo mercado com outro(s) comerciante(s) ou industrial(is)" (2004, p. 788).

52 A repressão, no âmbito civil, assegura ao empresário que foi vítima, a composição dos danos sofridos.

em detrimento dos concorrentes, ou seja: o que determina a licitude ou ilicitude da prática concorrencial são os meios adotados, não importando a intenção do ato ou os seus efeitos.

Coelho (2002a, p. 191) classifica a concorrência desleal em "específica", que é sancionada civil e penalmente, e "genérica", que é sancionada apenas civilmente. A primeira modalidade está, exaustivamente, prevista no art. 195 da Lei 9.279/1996, sendo, portanto, de fácil enquadramento, enquanto a segunda está assegurada, de forma ampla, no art. 209 da mesma lei,[53] sendo a caracterização da conduta do demandado mais complexa.

Vale registrar que a lei protege a livre concorrência, elevando-a ao nível de princípio constitucional (art. 170, IV), mas não permite a deslealdade na concorrência, pois pressupõe a prática de atos ilícitos.

O núcleo da concorrência desleal é o desvio ou, até mesmo, a atração de clientela alheia por meios ilícitos, ou seja, o centro da gravidade da repressão à concorrência desleal é a clientela. A deslealdade na concorrência é composta por uma série de atos que podem ser praticados objetivando a captação ou desvio da clientela.

Quando o transmitente se restabelece próximo ao seu antigo estabelecimento, não precisa praticar ato fraudulento para desviar a clientela; apenas o fato de abrir as portas do seu novo estabelecimento já é suficiente para atrair os seus antigos clientes. Lembre-se que o antigo titular já detém know how técnico administrativo e empresarial do negócio, o que, de fato, representa uma ameaça ao adquirente.

O art. 1.147 do Código Civil determina que o alienante, arrendante ou nu-proprietário não se restabeleça, de forma a não concorrer com o adquirente, arrendatário ou usufrutuário do estabelecimento, ficando, assim, proibido qualquer tipo de concorrência, inclusive, e por óbvio, a desleal.

O transmitente do estabelecimento, ao instalar o seu novo empreendimento vizinho ao anterior e no mesmo ramo, poderá não praticar

[53] "Art. 209. Fica ressalvado ao prejudicado o direito de haver perdas e danos em ressarcimento de prejuízos causados por atos de violação de direitos de propriedade industrial e atos de concorrência desleal não previstos nesta lei, tendentes a prejudicar a reputação ou os negócios alheios, a criar confusão entre estabelecimentos comerciais, industriais ou prestadores de serviços, ou entre os produtos e serviços postos no comércio."

nenhum dos atos previstos no art. 195 da Lei 9.279/1996 e ainda assim desviar a clientela do adquirente.

Como ensina Miranda:

> [...] A cláusula ou pacto adjeto de não-concorrência, como negócio jurídico concluído principalmente para vedar a concorrência, nada tem com o fato da deslealdade nos atos: proíbe-se a concorrência em si, portanto toda concorrência, conforme os termos da cláusula, do pacto adjeto ou do negócio jurídico, não só a concorrência desleal. [...] não há deslealdade em se deixar de cumprir obrigação que se assumiu em contrato, ou em negócio jurídico unilateral. A concorrência, aí, é negocialmente vedada, o que é mais do que ser desleal [...] (2002a, p. 403-404).

O praticante da concorrência desleal comete um ilícito penal, respondendo com pena de detenção de três meses a um ano, ou multa, sem prejuízo da ação de indenização das perdas e danos ao prejudicado, na forma do art. 209, por atos não previstos na Lei 9.279/1996.

O principal traço distintivo entre esses institutos foi muito bem explicitado por Carvalhosa:

> [...] A concorrência desleal tem como pressuposto a conduta maliciosa do empresário, de forma a iludir e desviar a clientela. Nesse caso, para que exista a condenação, inclusive na esfera penal, há que se provar a culpa ou dolo do agente. No caso de violação de proibições contratuais ou legais de concorrência, a responsabilidade do agente é de natureza objetiva. Não existe necessidade de que a parte prejudicada prove a culpa do agente, para que pleiteie a correspondente indenização (2003, p. 650).

Pode ocorrer o concurso dos dois institutos, simultaneamente, ou seja: um ato pode configurar, ao mesmo tempo, crime de concorrência desleal e infração à obrigação de não-concorrência. Para tanto, basta que o transmitente do estabelecimento, além de se restabelecer em local próximo ao adquirente, também pratique atos com meios fraudulentos para desviar a clientela que era sua.

3.8 Limites da obrigação de não-concorrência

A proibição da concorrência deve ser pactuada de forma limitada, caso contrário seria juridicamente nula, visto que representaria o fim da vida profissional do empresário. A obrigação de não-concorrência deve possuir limites temporal, geográfico e substancial, de forma a não representar quebra absoluta dos princípios da livre-iniciativa e da livre concorrência.

Antes do Código Civil atual, alguns doutrinadores já defendiam a importância do limite temporal, cumulado com limite geográfico na obrigação de não-concorrência, como Ferreira:

> Se se discute a respeito do subentendimento dessa clausula, nenhuma duvida subsiste mais sobre a sua legitimidade, quando expressa e limitada no tempo e no espaço. Perfeitamente licita é ela. Não ofende a liberdade de comércio [...] como, por exemplo, quando o vendedor se obriga a não se estabelecer de novo, em determinado bairro, cidade, municipio ou circunscrição, por tempo certo (sic) (1939, p. 372).

No mesmo sentido, Ripert afirmou que "[...] Nas vendas de fundo de comércio, a cláusula de não estabelecimento do vendedor é usual. Deve, para ser lícita, limitar-se no tempo e espaço [...]" (1947, p. 206).

Já Rui Barbosa admite a obrigação de não-concorrência apenas com limite temporal ou geográfico:

> [...] A interdição, que limita o tempo, e não o espaço, à sua ação restritiva, pode ser regular. A que lhe limita o espaço, e não o tempo, também pode ser justificável. Mas a que não tem raias nem quanto à duração, nem quanto ao território, a interdição perpétua e universal, envolve tal abdicação da liberdade e personalidade humana, que o direito não a pode sancionar (1948, p. 175).

Na sua dissertação de Mestrado, Leite (1975, p. 44) já defendia a existência de limites à obrigação de não-concorrência, aduzindo que a obrigação de não concorrer, implícita ou explícita (cláusula contratual), deve ser restrita quanto ao tempo, ao espaço e ao gênero de comércio.[54]

Da análise do art. 1.147 do Código Civil em vigor verifica-se que o legislador impôs limites à proibição de explorar a atividade empresarial, sendo que o limite temporal foi expresso (prazo de cinco anos ou enquanto durar o contrato de arrendamento ou usufruto), enquanto os limites geográfico e substancial restaram subentendidos na expressão "não fazer concorrência[55] ao adquirente".

[54] Como já assinalado, nesta época não se utilizava a expressão *empresarial*.

[55] "[...] conjunto de pessoas que exercem uma mesma atividade ou atuam no mesmo campo [...]" (HOUAISS, 2004, p. 788).

Apenas concorre aquele que disputa a mesma clientela, e esta só será a mesma quando for em idêntico ou similar ramo e na mesma área de influência (local) do estabelecimento objeto do negócio jurídico. Por exemplo, determinado estabelecimento de compra e venda de automóveis novos e seminovos não pode concorrer com uma loja de produtos infantis. Da mesma forma, uma loja de produtos infantis na Bahia não concorre com uma loja de mesma atividade localizada no Amapá.

Neste estudo, se reconhecem três limites a serem impostos à obrigação de não-concorrência, já determinados, inclusive, no Código Civil em vigor:

1) temporal: a obrigação impõe uma abstenção de concorrência máxima de cinco anos ou enquanto durar o contrato de arrendamento ou usufruto;
2) geográfico ou espacial: a restrição de não-concorrência deve ser limitada à área em que há concorrência, não podendo ser estendida para além da zona de influência dos estabelecimentos concorrentes; e
3) substancial ou de objeto: a obrigação deve, sempre, ser constituída no ramo de atividade do estabelecimento transferido, titular da clientela.

O princípio da proporcionalidade deve ser aplicado na interpretação do art. 1.147 do CC/2002, de forma a eliminar excessos na estipulação dos limites acima citados. Como entendem Melo e Gotthilf: "O princípio da razoabilidade tem que ser corretamente aplicado, verificando-se se as restrições foram moderadamente impostas" (2004, p. 6).

Alguns doutrinadores, como Carvalhosa[56] e Melo e Gotthilf,[57] não reconhecem os três limites acima citados, inseridos no referido art. 1.147:

[56] "Como o artigo 1.147, além de proibir a concorrência na mesma área de atuação, prevê somente uma limitação de ordem temporal à concorrência, devem continuar ainda a ser respeitados os limites territoriais supracitados, como condição de eficácia desta norma legal" (CARVALHOSA, 2003, p. 652).

[57] "[...] a regulação da cláusula de não-concorrência no artigo 1.147 do NCC somente faz restrição ao tempo (5 anos) e não faz qualquer restrição com relação ao espaço e gênero de comércio, que era o entendimento jurisprudencial. Deve-se lembrar que a proibição absoluta do restabelecimento do alienante do fundo, sem restrições, é incompatível com a Constituição (princípios da livre-iniciativa e livre concorrência), sendo imperiosa a observância do princípio da razoabilidade ao se tratar da questão" (MELO e GOTTHILF, 2004, p. 8).

entende, o primeiro que o legislador não estabeleceu o limite geográfico, enquanto para os segundos, nem o substancial, mas somente o temporal.

Entretanto, ambos defendem a observância dos três limites (substancial, temporal e geográfico); a divergência, com o entendimento deste ensaio se restringe, portanto, à interpretação do citado artigo.

Para a validade da obrigação de não-concorrência, devem existir os três limites acima citados, que são, portanto, cumulativos. Os limites existem como reguladores dos princípios constitucionais: por meio deles é que se respeita a livre-iniciativa, a livre concorrência e a liberdade de exercer qualquer atividade.

Não se pode imaginar uma obrigação de não-concorrência sem limitação substancial; por exemplo, os sócios de uma rede de farmácias baiana, ao trespassarem o seu estabelecimento, ficariam proibidos de exercer qualquer atividade, por cinco anos, no estado da Bahia, o que representaria uma restrição desnecessária e, até mesmo, abusiva à liberdade do exercício profissional. Os trespassantes poderiam, sim, exercer qualquer outra atividade na Bahia, desde que não disputassem a mesma clientela, podendo abrir uma academia de ginástica ou um salão de beleza.

Da mesma forma, também seria insuficiente limitar o tempo e objeto da obrigação de não-concorrência, sem estabelecer um limite geográfico, por exemplo: as partes pactuam, no contrato, que o antigo titular de uma loja de supermercado em Juiz de Fora – MG, está proibido de abrir novo estabelecimento, em idêntico ramo, pelo prazo de cinco anos; o transmitente ficaria proibido de instalar supermercado em todo o Brasil, o que representaria excesso, infração ao princípio da proporcionalidade e, conseqüentemente, à livre concorrência e à livre-iniciativa. Nesse caso, seria suficiente que a proibição se limitasse à cidade de Juiz de Fora, pois até mesmo no mesmo estado, em outra cidade, como Belo Horizonte, não disputaria a mesma clientela com o adquirente.

O limite temporal, sem dúvida, é imprescindível à obrigação de não-concorrência: não há como pensar em preservar a clientela do adquirente por tempo indeterminado. Esse caráter essencial resultou em sua inclusão, de forma expressa, no art. 1.147 do Código Civil em vigor (prazo de cinco anos ou enquanto durar o contrato de arrendamento ou usufruto).

No Código Civil italiano de 1942, à limitação temporal poderá ser acrescido, alternativamente, o limite geográfico ou substancial, conforme previsto na primeira parte do artigo 2.596: "Limite contratual da concorrência. O pacto que limita a concorrência deve ser sob a forma escrita. Será válido se limitado a uma determinada zona ou determinada atividade, e não pode exceder a duração de cinco anos [...]".[58]

Registre-se que, na análise da obrigação de não-concorrência, devem ser consideradas as peculiaridades do caso concreto, em especial os aspectos relacionados ao ramo de atividade desenvolvida, distância entre os estabelecimentos e o prazo de duração, de forma a compatibilizar, razoavelmente, os interesses das partes envolvidas.

Como será analisado a seguir, traçar o contorno da proibição de não-concorrência é tarefa árdua diante das inúmeras variáveis existentes. Por essa razão, a melhor solução é que as partes pactuem expressamente os limites substancial, geográfico e temporal no respectivo instrumento contratual, a fim de ajustá-los ao caso concreto.

3.8.1 Limite geográfico da obrigação de não-concorrência

Como já dito, definir o limite geográfico é uma tarefa difícil diante do desafio de estabelecer a zona de influência do estabelecimento empresarial, que pode ter clientela espalhada por diversas regiões.

A proibição de concorrência é restrita, também, no espaço. É limitada geograficamente à área na qual possa haver o desvio pelo transmitente da clientela[59] do adquirente. Não há como estabelecer premissas gerais para a abrangência do espaço no qual o transmitente é impedido de formar ou adquirir estabelecimento para exploração de mesma atividade empresarial, visto que dependerá do tipo de negócio realizado. A extensão do limite geográfico está vinculada à possibilidade de atrair a clientela que compõe o estabelecimento objeto da transferência.

Busca o legislador impedir que o transmitente faça concorrência com o adquirente, mas, se o primeiro instala nova farmácia em outro bairro,

[58] "Art. 2596. Limiti contrattuali della concorrenza. Il patto che limita la concorrenza deve essere provato per iscritto. Esso è valido se circoscritto ad una determinata zona o ad una determinata attività, e non può eccedere la durata di cinque anni [...]."

[59] Esta pesquisa adota a expressão *clientela* (e não *freguesia*), por se referir aos clientes habituais, como exposto no item 1.3.2.2, cap. 1.

por exemplo, pode alegar que não faz concorrência, vez que, pelo tipo de negócio, só atrai clientela do bairro.

O mesmo não ocorreria se fosse o caso de um conceituado restaurante situado na Avenida Contorno (bairro do Comércio), cuja carteira de clientes assíduos é bastante pulverizada, abrangendo vários bairros da cidade de Salvador e até mesmo cidades próximas (Camaçari e Lauro de Freitas). Então, onde poderia o antigo proprietário abrir novo restaurante?

Certamente o transmitente do restaurante poderá se restabelecer em qualquer parte do Brasil, exceto em Salvador e regiões adjacentes, pois fora dessa área o antigo estabelecimento não disputará a clientela com o adquirente.

Outra hipótese é a de uma indústria de calçados, com ampla carteira de clientes, que distribui seus produtos de forma pulverizada para quase todos os estados do Brasil; como fixar sua zona de influência?

Existem muitos questionamentos e, embora não seja possível estabelecer uma regra ou teoria geral para definir o alcance geográfico da obrigação de não-concorrência, critérios a serem observados na construção do limite geográfico, que estão abaixo relacionados:

a) princípio da proporcionalidade: como já explicitado acima, no item 3.3.1, este princípio deve ser aplicado na regra de não-concorrência, no caso concreto, de forma a eliminar o excesso de restrição à livre concorrência e à livre-iniciativa. Por meio dele será possível fixar o limite geográfico, na medida equivalente à proteção do estabelecimento, de forma a não estender a obrigação de não restabelecimento a área maior do que a zona de influência do estabelecimento.[60]

b) análise do tipo dos produtos ou serviços: o produto pode ser determinante para saber a área de influência do estabelecimento: por exemplo, se uma artista plástica abre um estabelecimento em

[60] Grau e Forgioni ressaltam que: "Nota-se uma certa tendência, principalmente na França, no sentido de exigir-se um outro requisito para a caracterização da licitude das cláusulas de não-restabelecimento: a 'proporcionalidade'. Ou seja, além de ser limitada no tempo e no espaço, a cláusula de não-restabelecimento deve conter restrições proporcionais e adequadas ao negócio celebrado, para que seja condizente com a proteção da liberdade econômica do vendedor. [...] Esse mesmo critério já é utilizado na União Européia para admitir as cláusulas de não-concorrência em face do art. 81 do tratado, como bem assinalam Bael & Bellis [...]" (2005, p. 281).

Santo André (Porto Seguro) para comercializar suas peças de arte, elaboradas com material reciclado, poderá ter clientela pulverizada no País, mas, se for o caso de uma padaria, certamente seus pães serão vendidos no bairro onde estiver localizada ou em bairros próximos, assim como uma indústria que produz peças de inverno (casaco de pele, cobertor de lã etc.) não terá clientela no Nordeste. Da mesma forma, um salão de beleza que forneça corte de cabelo, manicure e pedicure prestará seus serviços no bairro onde se situa e adjacências, enquanto um SPA, especializado em princípios naturistas, meditação e demais técnicas esotéricas, representa um serviço especializado capaz de atrair clientela de todo o País.

c) capacidade de produção do produto ou serviço do estabelecimento: outro critério a ser observado é qual a capacidade de produção: um mercado que comercializa 200 itens certamente possui uma clientela bem menor do que um hipermercado que disponha de 2.500 itens; logo o hipermercado terá zona de influência mais ampla, se comparado com o mercado.

Por mais que o produto ou serviço represente um diferencial capaz de atrair clientela pulverizada em todo o País, se o estabelecimento não tem capacidade de abastecer sua potencial carteira de clientes, sua área será de abrangência limitada.

d) conceito de clientes: o estabelecimento deverá atrair o cliente[61] com certa freqüência, por exemplo: a pessoa que, em três anos de existência da loja, só foi uma vez para se cadastrar, não poderá ser tida como cliente. Aqui vale destacar o conceito de cliente ativo, que é aquele que, efetivamente, adquire produtos e serviços do estabelecimento empresarial com determinada freqüência (ver item 1.3.2.2, cap. 1).

e) volume de compras do cliente x quantidade: por exemplo, na hipótese de uma indústria que tem apenas um cliente em determinado estado, o transmitente também fica proibido de se restabelecer no referido Estado?

Se, em determinado estado, existe apenas um cliente, o volume de compras ou aquisição dos serviços será determinante para, a partir daí,

[61] Conforme analisado no capítulo 1, o freguês é aquele que visita o estabelecimento esporadicamente.

levantar se esse volume é significativo diante da venda total da indústria. Se for impactante, parece óbvio que o transmitente não poderá conquistar clientes desse estado, caso contrário seria desarrazoado impedir o seu restabelecimento.

Ainda no exemplo do restaurante situado na avenida Contorno: a localização será fator determinante para estabelecer a clientela, pois, mesmo que não seja clientela do bairro, será, ao menos, de Salvador e cidades bem próximas, já que será pouco provável um casal do Rio Grande do Sul fretar um jatinho para jantar em Salvador. É claro que se esse mesmo casal vem uma vez por mês a trabalho para Salvador e sempre freqüenta o restaurante, aí sim será cliente, mas provavelmente, os únicos que residem no Sul.

Portanto, para traçar o limite geográfico no caso de trespasse do restaurante acima, o estado do Rio Grande do Sul só entrará se existir um volume considerável de clientes moradores desse Estado. Assim, o volume de compras ou aquisição dos serviços do cliente é importante para determinar a zona de influência do estabelecimento.

Sob outro aspecto, vale ressaltar que, em alguns casos, o lugar onde se exerce a atividade empresarial não será relevante para determinar a clientela. "[...] Ilustra-se essa hipótese com a menção das agências internacionais de notícias, cuja clientela, de nenhum modo apreciável, depende do prédio em que se ache situada a sua sede" (ANDRADE, 1940, p. 30).

No mesmo sentido, para a indústria pouco importa, no tocante à clientela, o local onde está situada, já que pode produzir para qualquer parte do país e, até mesmo, do mundo (exportação), não precisando o cliente se deslocar até a sede da indústria. Já no comércio a área onde se situa a empresa é, muitas vezes, determinante para estabelecer a clientela.

Na fase de grande evolução tecnológica atual, mais especificamente após o denominado *e-commerce*, as compras podem ser realizadas pela internet, com distribuição no país inteiro, graças aos modernos métodos de correio, operados, inclusive, pelas companhias aéreas. A internet passou a ser usada, de forma expressiva, na realização das mais variadas transações comerciais e na prestação de serviços,[62] de tal forma que surgiu o estabele-

[62] "As compras virtuais cresceram 42% neste Natal em relação ao mesmo período de 2003, estima pesquisa da E-Consulting que, junto com a Câmara Brasileira de Comércio Eletrônico [...] As vendas efetuadas por meio da internet cor-

cimento com ponto virtual,[63] com endereço eletrônico cuja identificação é denominada de domínio: por exemplo, www.casasbahia.com.br. Assim, o cliente tem acesso pela internet, sem deslocamento a local físico, o que é mais um fator determinante para não se eleger a localização do estabelecimento como critério para limite geográfico. Essa evolução eletrônica amplia a área de atuação de um estabelecimento empresarial, que, mesmo localizado em determinada capital, pode possuir clientela em todo o País.

O *e-commerce* proporcionou a extensão da clientela dos estabelecimentos empresariais de forma pulverizada, o que dificulta mais ainda a determinação da área de abrangência, pois como estabelecer o limite geográfico quando o estabelecimento distribui seus produtos para todo o Brasil?

Assim, parece claro que a dimensão territorial, na ausência de diretivas legais, deverá ser determinada pela projeção do estabelecimento no mercado, que poderá ser local, nacional ou até mesmo internacional. Mas, como determinar tal projeção?

Para fixar o limite geográfico, será necessário analisar o caso concreto, pois, como já abordado acima, a delimitação do espaço variará conforme a atividade exercida pelo estabelecimento. Assim também defende Miguel: "Quanto ao espaço em que há proibição de concorrência, a análise do caso concreto é fundamental, por haver uma variação muito grande, dependendo do negócio explorado. [...]" (1998, p. 196).

Da mesma forma entende Mamede:

> Igualmente relativo a cada situação dada em concreto está o problema da limitação territorial, ou seja, a investigação do território de concorrência, não sendo igualmente possível estabelecer um critério objetivo, absoluto, variando a solução conforme as particularidades do estabelecimento, da empresa e da atividade. [...] Não se trata, portanto, de uma questão territorial, mas da aferição, em concreto, da concorrência fruto do restabelecimento que, se verificada – e não autorizada pelo trespassatário –, deverá ser proibida *ex vi legibus* [grifos do autor] (2004, p. 197).

respondem agora a 3,6% do varejo total, contra 2,75% de 2003. Ou seja, a participação aumentou 30% num ano" (BILLI, 2004, p. B4).

[63] Sobre estabelecimento empresarial com ponto virtual, ver item 1.3.2.4, cap. 1.

O ideal mesmo é que as partes incluam no contrato, expressamente, não só a cláusula de não-concorrência, como também a extensão do limite geográfico, por exemplo: fica o transmitente do estabelecimento empresarial proibido de se restabelecer no Estado da Bahia.

3.8.2 Limite temporal da obrigação de não-concorrência

O limite temporal da regra de não-concorrência está explícito no art. 1.147 do CC/2002, na medida em que o legislador estipulou o prazo de cinco anos, no caso de alienação, e o prazo de duração do contrato, nas hipóteses de arrendamento e usufruto.

Tal dispositivo, como já anunciado, foi inspirado no ordenamento italiano. O Código Civil italiano de 1942 estabelece, em seu artigo 2557, que a cláusula de abstenção da concorrência não pode exceder o período de cinco anos contados da transferência do estabelecimento e, no caso de usufruto ou arrendamento, o prazo será o de duração do respectivo contrato.[64-65]

O prazo de cinco anos para a proibição de concorrência já estava consolidado pela doutrina (BARRETO FILHO, 1969, p. 254; MAGALHÃES, 1981, p. 333; LEÃES, 1998, p. 236) mesmo antes do CC/2002. Esse prazo foi estipulado considerando o número de cinco anos suficiente para que o aviamento do estabelecimento transferido alcance grau de solidez capaz de não temer diminuições, caso o transmitente reassuma o exercício. O que se busca é manter a integridade do estabelecimento, com todos os elementos e atributos que o caracterizam e individualizam, com o intuito de assegurar ao adquirente a mesma capacidade para a obtenção de lucros.

[64] Mais adiante, em seu artigo 2.596, 2.ª parte – a primeira parte do artigo 2596 já foi citada acima, no item 3.8 –, determina que, "se o prazo não for determinado ou estabelecido por um período superior a cinco anos, a proibição de não-concorrência valerá pelo período de um qüinqüênio" ("Art. 2596. Limiti contrattuali della concorrenza. [...] Se la durata del patto non è determinata o è stabilita per un periodo superiore a cinque anni, il patto è valido per la durata di un quinquennio.")

[65] Como salienta Paes (1980, p. 41), citando dois doutrinadores italianos, De Martini e Ferrara, há divergência na Itália sobre o prazo máximo para duração da obrigação de não-concorrência nos casos de usufruto e arrendamento. Enquanto o primeiro autor entende que a proibição de concorrência dura cinco anos, se por mais de um quinqüênio durar o contrato, o segundo defende que a obrigação vigorará por toda a duração do usufruto.

O maior abalo que pode atingir o estabelecimento objeto da transferência decorre do desvio da clientela,[66] sendo necessário impedir o restabelecimento do transmitente durante prazo de 5 anos para que o adquirente possa fixar, para si, a clientela já conquistada.

A Lei 8.245/1991 (Lei do Inquilinato), desde o Decreto 24.150/1934 (Lei de Luvas), já havia consagrado o prazo de cinco anos para a consolidação do aviamento. Isto porque assegurava o direito à renovação do contrato de locação ao empresário, em imóvel locado por prazo determinado mínimo de cinco anos, computadas renovações sucessivas.[67-68-69]

A lei concede uma proteção especial ao inquilino, ajudando-o a conservar o estabelecimento. "A sua conservação materializa-se através do direito de obter a renovação compulsória do contrato de locação, possibilitando sua permanência no imóvel ou pela percepção de uma indenização" (MORAES, 2001, p. 125-126).

Carlos Francisco de Magalhães, mesmo antes da regra de não-concorrência estar prevista no Código Civil de 2002, já criticava o limite temporal superior a cinco anos:

> [...] quando examinamos as cláusulas sob o ponto-de-vista do Direito Privado, disposições dessa natureza são admissíveis e poderíamos até dizer que seriam relativamente normais aos usos e praxes comerciais, quando tenham prazos de duração relativamente curtos ou mesmo médios, nunca ultrapassando período de cinco anos. É que tal ajuste visa assegurar ao adquirente do estabelecimento a captação da confiança da clientela cedida. Não podem, portanto, exceder ao período de tempo necessário para tanto e que, até com exagero em nossa opinião, foi fixado na lei italiana e no anteprojeto brasileiro em prazo máximo de cinco anos. Dessa forma, partir para uma proibição

[66] Um dos elementos do aviamento, conforme já abordado no capítulo 1.

[67] Desde que explore o mesmo ramo de atividade econômica por, no mínimo, três anos consecutivos.

[68] Ver item 1.3.2.3, cap. 1.

[69] Queiroz (2000, p. 140) considerava, antes do CC/2002, que "[...] – na ausência de estipulação legal explícita, como a que há na Itália e em outros países – a aplicação analógica do sistema inerente às ações renovatórias conduzem à conclusão de que o período de vigência da proibição de não-concorrência seria de três anos, e não cinco como defendem a doutrina e jurisprudência".

de concorrência por um prazo superior a cinco anos, que ultrapassa o necessário ao fim colimado pelas partes, é absolutamente fora dos usos e praxes comerciais, injustificado e exagerado [grifos do autor] (MAGALHÃES, 1981, p. 333).

Na alienação, o prazo máximo será, sempre, de cinco anos, não podendo as partes pactuarem prazo superior, embora possam pactuar prazo inferior ou autorizar o restabelecimento do alienante. Assim, se as partes silenciarem ou não autorizarem expressamente, a regra de não-concorrência prevalecerá pelo prazo de cinco anos.[70]

A norma do art. 1.147 do CC/2002 admite, expressamente, a sua renúncia (ver item 3.1 deste capítulo), e, portanto, aplicando o critério hermenêutico "quem pode o mais pode o menos",[71] verifica-se que as partes poderão pactuar prazo inferior aos cinco anos.[72] Ainda no âmbito hermenêutico, destaca-se que a regra de não-concorrência deve ser interpretada de forma restritiva, por se tratar de exceção aos princípios constitucionais da livre-iniciativa e da livre concorrência. Grau e Forgioni (2005, p. 291)

[70] Para Mamede (2004, p. 196), o limite temporal é uma referência legal que permite o ajuste de prazo menor ou maior, visto que a própria lei admite a renúncia à obrigação de não-concorrência.

[71] *In eo quod plus est semper inest et minus* significa, literalmente: "Aquele a quem se permite o mais, não deve-se negar o menos" (MAXIMILIANO, 2005, p. 200).

[72] Aqui vale transcrever trecho da obra de Carvalho, que cogita até mesmo da redução do prazo de cinco anos em algumas hipóteses: "[...] Com o novo Código Civil (italiano), o problema quase desapareceu, se bem que a norma do art. 2.557 não deixe de ser criticada por alguma doutrina (assim CASANOVA, *Le imprese commerciali* cit., p. 716 e segs.; no mesmo sentido, já LORDI [...]), principalmente porque (ao invés do projeto de 1940) se proibe qualquer extensão convencional do quinquênio [...], ou seja, porque a norma se determina, não só por um escopo de certeza jurídica quanto ao prazo de consolidação, mas também, e sobretudo, pela ideia de evitar uma limitação excessiva da liberdade económica do alienante (AULETTA, últ. ob. cit., p. 1250 e ss.). Além de que o problema não cessa de todo desde que se aceite que a norma não impede que o critério da consolidação funcione dentro dos respectivos limites, isto é, que a proibição pode caducar, independentemente de uma pactuação expressa, antes dos 5 anos, se se provar que a empresa consolidou definitivamente nas mãos do adquirente (assim FERRARA Jr., últ. ob. cit., p. 384, e CASANOVA, últ., ob. cit., p. 718; contra, AULETTA, últ. loc. cit., em nome da certeza jurídica) [...]. [grifos nossos]. (1967, p. 501).

afirmam que a doutrina e jurisprudência já pacificaram entendimento nesse sentido, de forma que a interdição da concorrência inadmite interpretação extensiva. Assim sendo, não se pode interpretar que o art. 1.147, *caput*, permite limite temporal superior ao prazo de cinco anos.

Logo após a edição do Código Civil de 2002, foi apresentado, na Câmara dos Deputados, o Projeto de Lei 7.160/2002,[73] de autoria do deputado Ricardo Fiuza, que pretendia introduzir alterações na matéria referente ao Direito de Empresa, em especial modificações ao art. 1.147, da seguinte forma: "Incluir a expressão 'ou estipulação diversa', para permitir que o alienante do estabelecimento não possa fazer concorrência ao adquirente" (FIUZA, 2002). A alteração proposta, segundo o seu autor, "visa preservar a liberdade de contratação", na medida em que permitiria qualquer convenção pelas partes, ou seja, o alienante poderia, por exemplo, ficar proibido por período superior a cinco anos.

Entretanto, o relator, deputado Vicente Arruda, em seu voto, rejeitou a alteração acima sob o fundamento de que "a expressão 'Não havendo autorização expressa' já é suficiente para permitir o objetivo visado no dispositivo" (BRASIL. Câmara..., 2002b).

Parece ter razão o relator, pois admitir qualquer convenção pelas partes poderia representar desprezo aos princípios da livre concorrência e da livre-iniciativa, por restringir, excessivamente, a atividade do transmitente. Pode ocorrer de o alienante precisar transferir, com urgência, o seu estabelecimento e acabar se submetendo às condições do adquirente, no caso até a uma obrigação de não-concorrência com prazo abusivamente extenso, como trinta anos!

Acertou o legislador ao estipular prazo fixo para o não restabelecimento do alienante, salvo autorização expressa, visto que as partes terão a certeza jurídica de que a garantia ao estabelecimento será pelo prazo máximo de cinco anos e não dependerá de análise do caso concreto. Assim, neste aspecto, não merece reparo o dispositivo em tela.

Ocorre que se equivocou o legislador, no parágrafo único do art. 1.147, ao condicionar o prazo do restabelecimento do transmitente à duração do contrato, desprezando o estudo elaborado para fixação do prazo de cinco anos. Em contrato de arrendamento ou usufruto de vinte

[73] Este projeto de lei foi apresentado em 27.08.2002 e está na Comissão de Constituição e Justiça e de Cidadania desde 09.06.2004.

anos, por exemplo, não é razoável que o arrendatário ou usufrutuário do estabelecimento empresarial disponha de prazo tão extenso para proteger o aviamento, e mais especificamente a clientela conquistada pelo impedido.

O limite temporal de grande duração representa excessiva proteção ao estabelecimento, o que poderá configurar infração aos princípios constitucionais da livre concorrência, do livre exercício da atividade empresarial e da livre-iniciativa.

O mais razoável seria o legislador estabelecer que, para usufruto e arrendamento, o limite temporal durará o prazo do contrato, exceto quando a duração deste for superior a cinco anos, hipótese em que terá prazo máximo de cinco anos.

Ao comentar a regra de não restabelecimento em caso de usufruto ou arrendamento do estabelecimento, por meio do art. 1.181, parágrafo único, do então Projeto de Código Civil, Paulo Roberto Paes expressou a seguinte opinião:

> Evidentemente a proibição ali citada é a de não-concorrência no quinquênio subseqüente à alienação. E se o usufruto for fixado em três anos, ou por sete? O melhor juízo é o de que o dever dura cinco anos se por mais de um quinqênio durar o usufruto. Por outro lado, a obrigação durará o tempo do contrato de usufruto, se este for inferior ao quinquênio. Mutatis mutandis, o mesmo se diga com relação ao arrendamento [grifos do autor] (1980, p. 41).

Destarte, necessário se faz uma reforma no parágrafo único do art. 1.147, a fim de limitar o prazo máximo de cinco anos para obrigação de não-concorrência decorrente do arrendamento e usufruto, adotando o mesmo critério temporal estabelecido para o caso de alienação.

3.8.3 Limite substancial da obrigação de não-concorrência

Conforme já exposto acima (item 3.8), da análise do art. 1.147 do Código Civil depreende-se que o limite substancial está implícito, pois deflui da expressão "concorrência". Concorrer pressupõe disputar a mesma clientela, e só o faz quem oferece os mesmos produtos e serviços.

A regra da abstenção da concorrência não incide sobre qualquer atividade empresarial, mas apenas a idêntico ou semelhante ramo[74] pra-

[74] Ramo significa "especialidade de uma categoria profissional ou atividade" (HOUAISS, 2004, p. 2.381).

ticado pelo estabelecimento transferido. Assim, para determinar o limite substancial, é necessário identificar a especialidade da atividade.

Nesse sentido, Miguel afirma que a limitação de restabelecimento refere-se apenas às atividades iguais ou semelhantes àquela alienada, não sendo possível impedir o restabelecimento em qualquer outro ramo de atividade, uma vez que a restrição tem um objetivo certo, a saber: evitar a concorrência (MIGUEL, 1998, p. 195).

O ramo da atividade empresarial será igual ou semelhante quando os produtos ou serviços forem da mesma natureza ou destino, de modo que a clientela possa dispor, a contento, nos dois estabelecimentos, indiferentemente. Por exemplo, um supermercado e uma delicatessen fazem parte do mesmo ramo (supermercadista), já que são lojas de auto-serviço, com grande variedade de mercadorias, especificamente gêneros alimentícios, bebidas, artigos de limpeza doméstica e perfumaria, e, portanto, serão concorrentes, na medida em que, por possuírem vários produtos em comum, disputam a mesma clientela.[75]

Assim, para o transmitente infringir a regra de não-concorrência, não precisa existir identidade em todos os produtos fabricados ou comercializados, ou serviços prestados, mas a capacidade de desviar a clientela.

Ainda no exemplo do supermercado, o transmitente não poderá se restabelecer em nenhuma atividade semelhante, como empório ou mercearia, mas poderá abrir uma padaria ou uma farmácia se o supermercado também comercializa pães e remédios?[76]

Sim! Na hipótese de padaria e/ou farmácia, há apenas identidade com poucos itens, o que não seria capaz de desviar a clientela: o cliente não

[75] O estatuto da Associação Brasileira de Supermercados (ABRAS) estabelece que são considerados supermercados os estabelecimentos que apresentarem como principais seções de venda: mercearia, bazar e perecíveis, contendo de 500 a 1.500 itens em exposição, de 3 a 40 *check-outs*, mais de 300 m2 de área de venda etc. Tratando-se, portanto, de critérios bastantes elásticos para definição do seu associado (supermercado).

[76] Os supermercados estão autorizados a comercializar os remédios anódinos – aqueles que independem de apresentação de receita médica – nas prateleiras de sua área interna, conforme arts. 4.o, 5.o e 19 da Lei 5.991/1973, alterada pela Lei 9.069/1995.

poderá fazer as compras para abastecer a dispensa de sua casa, na padaria e, menos ainda, na farmácia.

Já no caso de uma farmácia[77] localizada dentro do supermercado, ainda que o proprietário seja comum a ambos, trata-se de estabelecimento diverso, sobre o qual, se foi objeto de trespasse, também incidiria a regra da não-concorrência, ficando o transmitente impedido de abrir novo supermercado e nova farmácia.

Considere, como exemplo, um restaurante japonês que foi objeto de trespasse: o transmitente não poderá abrir, no prazo de cinco anos, respeitado o limite geográfico, nenhum restaurante, inclusive uma churrascaria. Ambos (restaurante japonês e churrascaria[78]) são estabelecimentos com especialidades distintas, mas a clientela conquistada poderá ser desviada, pois comercializam produtos em comum (alimentação japonesa), e o transmitente já possui todo o know-how para tanto, podendo oferecer itens iguais, como: bons serviços, preço, conforto, decoração, cadastro dos clientes etc.

Entretanto, se o objeto do negócio jurídico for uma lanchonete especializada em tortas doces, o transmitente poderá abrir uma churrascaria, pois não oferecerá os mesmos produtos e, por conseqüência, não desviará a clientela. Da mesma forma, na hipótese de trespasse de uma indústria de produtos de limpeza, o transmitente poderá abrir nova indústria de móveis, pois, apesar de terem em comum a atividade indústria, os objetos são distintos, sendo, portanto, também distintos os ramos.

Destarte, para traçar o limite substancial, deverá ser analisado o caso concreto, adotando-se o critério da análise do tipo de produto ou serviço, pois o transmitente ficará obrigado a não exercer a atividade empresarial que envolva os mesmos ou iguais produtos e/ou serviços do estabelecimento objeto do negócio jurídico.

É óbvio que o princípio da proporcionalidade, enquanto critério hermenêutico, poderá ser aplicado a fim de garantir que a restrição ao transmitente não seja excessiva, mas na medida exata da proteção ao estabelecimento empresarial.

[77] Denominada loja satélite, atualmente muito comum nos supermercados, fica geralmente na entrada da loja.

[78] É muito freqüente a churrascaria oferecer, inclusive, alguns produtos da culinária japonesa.

Os demais critérios adotados para o limite geográfico, como capacidade de produção e conceito de clientes, não são necessários para determinar o limite substancial.

3.9 Infração da obrigação de não-concorrência

A regra da não-concorrência, como toda obrigação, está sujeita ao seu descumprimento, o que ocorrerá quando o transmitente concorrer com o adquirente do estabelecimento empresarial, em prazo inferior ao que estava obrigado, no mesmo ramo ou na mesma praça.

Ao alienante, nu-proprietário ou arrendante é proibida a constituição de nova empresa que possa desviar, de alguma forma, a clientela do estabelecimento objeto do negócio jurídico antes do prazo mínimo fixado em lei, salvo convenção expressa em sentido contrário.

Configura-se infração, quando o transmitente, de qualquer forma, desvia a clientela do estabelecimento transferido, por meio do prestígio e das informações que adquiriu na empresa antiga. Assim, haverá infração não só quando o transmitente abrir novo estabelecimento em seu próprio nome, mas também quando o fizer em nome de pessoa interposta, por meio da qual administra.

É, por exemplo, o caso do alienante que, para se furtar da proibição de se restabelecer, constitui uma pessoa jurídica, à qual, por ser dotada de existência distinta, não seria imposta a não-concorrência. Ocorre que resta evidente o artifício para prejudicar o adquirente, ou seja, a fraude.

A pessoa jurídica não foi criada para esse fim (fraude), não justifica a sua existência para permitir que a pessoa física burle uma obrigação que lhe é imposta. Existe, sim, como ente autônomo para o exercício normal das atividades econômicas, sempre regida pela boa fé.

Da mesma forma, se o transmitente adquirir quotas ou ações, de forma a exercer funções de empresário na empresa concorrente ao estabelecimento transferido, estará configurada a intenção em lesar o adquirente. Para que exista o desvio da clientela, não é necessário que o vendedor do estabelecimento figure como titular do novo, basta que lhe empreste a sua colaboração.[79]

[79] Cian e Trabucchi (1992, p. 2.127) entendem que a violação da regra de não-concorrência pode ocorrer tanto com a constituição de um novo estabelecimento,

Assim, ainda que o impedido se empregue em estabelecimento concorrente ao transmitido, também estará infringindo a obrigação de não-concorrência, pois estará, igualmente, desviando a clientela.

As hipóteses acima configuram restabelecimento dos sujeitos impedidos por meio de negócios indiretos, pelos quais tentam desviar, ilicitamente, a finalidade do negócio.

Como a abstenção da concorrência é uma obrigação de não fazer, conforme já abordado neste capítulo, item 3.4, em caso de infração devem ser observados os arts. 250 e 251 do CC/2002.

O primeiro dispositivo, que não sofreu nenhuma alteração em seu *caput*, dispõe: se o devedor praticar o ato ao qual estava obrigado a não fazer, o credor poderá exigir que o desfaça, sob pena de o próprio credor se desfazer à sua custa, sem prejuízo das perdas e danos.

Inovou o Código Civil ao criar um parágrafo único ao art. 251 estabelecendo que, em caso de urgência, o credor poderá desfazer ou mandar desfazer, sendo dispensada a autorização judicial. Ou seja, como decorrência da infração à obrigação de não-concorrência, a lei estabelece não só o desfazimento do novo estabelecimento empresarial, como, também, o ressarcimento de perdas e danos.

Ocorre que, ao imaginar a infração decorrente da aquisição de quotas ou ações majoritárias em empresa concorrente já existente antes da transferência do estabelecimento, o desfazimento implica a retirada do transmitente do quadro societário ou acionista.

O Código Civil em vigor estabelece critérios para indenização das perdas e danos, independentemente do fato que o produziu, em seus arts. 402 e 403, dispondo que o devedor deverá pagar o que, efetivamente, o credor perdeu e o que deixou de lucrar.[80]

como, também, com a inclusão do impedido na qualidade de sócio ilimitadamente responsável, em uma sociedade concorrente ("La violazione del divieto si può avere sia con la costituzione di un'impresa nuova, sia con l'assunzione della qualità di socio illimitatamente responsabile in una società concorrente".)

80 Segundo Queiroz: "[...] a proibição da concorrência é natural ao trespasse, porque é condição de adimplemento do contrato. Consubstancia-se em uma obrigação de não fazer, de natureza pessoal. Por isso, a violação dessa obrigação é um ilícito contratual e permite ao adquirente requerer a rescisão do contrato, sujeitando o alienante ao pagamento de perdas e danos [...]" (2000, p.100).

As partes também podem convencionar uma cláusula penal, estimando, antecipadamente, a importância das perdas e danos devidos ao adquirente do estabelecimento, na hipótese de vir a ocorrer o descumprimento da regra de não-concorrência.

Tal convenção funciona como prévia liquidação das perdas e danos, possuindo caráter coercitivo. Como acessória, a cláusula penal segue a sorte da obrigação principal, não podendo aquela exceder o valor desta, na forma do art. 412 do Código Civil em vigor.

É importante registrar que o pagamento da cláusula penal não autoriza o transmitente a concorrer com o adquirente, como ensina Magalhães:

> [...] Evidente é também que há toda conveniência em que, na cláusula de não-concorrência, se estipule uma multa ou indenização fixa para o caso de incumprimento, devendo, no entanto, ficar expresso que o pagamento dessa multa ou indenização não dá direito a infringir a cláusula para o futuro, da mesma maneira que o cumprimento de uma pena pelo delito de concorrência desleal não legitima a continuação da infração. [...] nem pelo fato de ter pago a quantia que tenha sido estipulada para o caso de falta de cumprimento da cláusula, ou que tenha sido fixada, judicial ou extrajudicialmente, para reparação das perdas e danos, o infrator fica autorizado a continuar a infringir a cláusula (1964, p. 293-294).

Dessa forma, a violação da obrigação de não-concorrência pode acarretar deveres de cessar a concorrência indevida e de indenizar o lesado, reconstruindo a situação que existiria não fosse a infração cometida.

Capítulo 4

OBRIGAÇÃO DE NÃO-CONCORRÊNCIA NO DIREITO ANTITRUSTE

Neste capítulo será estudada a obrigação de não-concorrência no direito antitruste,[1] abordando a maneira como o Sistema Brasileiro de Defesa da Concorrência (SBDC)[2] vem admitindo tal obrigação, na análise dos atos de concentração.

O direito da concorrência é, também, denominado de direito antitruste, que Oliveira e Rodas definem como um "conjunto de regras jurídicas destinadas a apurar, reprimir e prevenir as várias modalidades de abuso do poder econômico, com intuito de impedir a monopolização de mercados e favorecer a livre-iniciativa, em favor da coletividade" (2004, p. 29).

No direito da concorrência não existe litígio entre as partes, pois não há pretensões opostas, visto que a sua finalidade, como preceitua o parágrafo único do art. 1.º da Lei 8.884/1994,[3] é proteger a coletividade, característica do interesse difuso.[4]

O direito antitruste, embora não possa ser classificado como ramo autônomo, com princípios próprios, possui características próprias, pois se preocupa com os efeitos concorrenciais dos negócios jurídicos e não com

[1] "Antitruste é o que restringe ou se opõe à formação de trustes, cartéis e combinações monopolísticas. Similares. *etim.* Ant(i) + truste" (HOUAISS, 2004, p. 238).

[2] Conforme ensinam Oliveira e Rodas (2004, p.13), a expressão SBDC surgiu pela primeira vez em documentos oficiais na mensagem que encaminhou a Medida Provisória 2.055, de 11 de agosto de 2000 – transformada na Lei 10.149, de 21.12.2000 –, para referir-se conjuntamente aos três órgãos com competência na área concorrencial: CADE, SDE e SEAE.

[3] "Art. 1.º Esta Lei dispõe sobre a prevenção e a repressão às infrações contra a ordem econômica, orientada pelos ditames constitucionais de liberdade de iniciativa, livre concorrência, função social da propriedade, defesa dos consumidores e repressão ao abuso do poder econômico. Parágrafo único. A coletividade é a titular dos bens jurídicos protegidos."

[4] Sobre interesses difusos, ver Mancuso, 2000.

a validade, como o direito civil.[5] Daí se dizer que o direito civil e o direito antitruste possuem aspectos em comum, mas apresentam pressupostos diversos de exame dos negócios jurídicos.

A partir daí, será analisada a obrigação de não-concorrência, não mais inserida no ordenamento civil, mas sim no direito antitruste, observando a sua derivação legal, o art. 1.147 do Código Civil de 2002.

4.1 O direito da concorrência no Brasil: evolução histórica

A liberdade econômica se fez presente, pela primeira vez, na Constituição de 1934, que, em seu art. 115, estabelecia a organização da ordem econômica, de acordo com os princípios da justiça e as necessidades da vida nacional, possibilitando a todos vida digna e garantindo, dentro desses limites, a liberdade econômica.

Como ensina Venâncio Filho, a partir da década de 1930, após a crise da Bolsa de Nova York, em 1929, e o desmoronamento do sistema de defesa do café, a intervenção do Estado no domínio econômico passa a ser uma constante, regulamentando as atividades dos agentes econômicos. Nesse período, embora a concorrência não representasse um direito ilimitado, não existia lei que regulamentasse o mercado econômico, sob o enfoque antitruste (1998, p. 32).

O art. 141 da Constituição de 1937 elegeu a proteção à economia popular como princípio, que foi regulamentada pelo Decreto-lei 869/1938. Este decreto representa a primeira lei antitruste brasileira, originária da repressão ao abuso do poder econômico, que teve como interesse constitucionalmente protegido o interesse da população.

Dentre os dispositivos do Decreto-lei 869/1938, merece destaque o art. 2.º, III, que tipificou como crime, punido com prisão de dois a dez anos, além de multa, a promoção ou participação em consórcio, ajuste, convênio, aliança ou fusão de capitais que resultasse em aumento arbitrário de lucros.[6] O referido decreto existia mais como letra morta do que como mecanismo legal aplicado à realidade, mas revela a política intervencionista do Brasil, que perdurou até o início dos anos 1990.

[5] Com o CC/2002, restou evidente que o direito civil, ao inserir a teoria da empresa, abrangeu o direito comercial, como demonstrado no capítulo 1.

[6] Tal norma é similar ao disposto no art. 20, III, da Lei 8.884/1994 (BRASIL, 1994a).

Posteriormente, surgiu o Decreto-lei 7.666/1945, sob inspiração do então Ministro da Justiça, Agamenon Magalhães, que, com o intuito de coibir o abuso do poder econômico, criou a Comissão Administrativa de Defesa Econômica. Esse decreto permitia ao Poder Executivo, até mesmo, a intervenção em empresas cujos atos fossem nocivos ao interesse público. No entanto, o referido decreto-lei nunca foi implementado, tendo sido revogado no mesmo ano.[7]

A repressão ao abuso do poder econômico foi expressamente elevada à premissa constitucional, pela primeira vez, com a Carta de 1946, que, em seu art. 148, pretendia abolir toda e qualquer forma de abuso do poder econômico, inclusive as uniões ou agrupamentos de empresas individuais ou sociais, independentemente da sua natureza, que tivessem por fim dominar os mercados nacionais, eliminar a concorrência e aumentar, arbitrariamente, os lucros.

Neste enfoque, verifica-se que o ato restritivo da concorrência sofreu alteração no seu tratamento, pois deixou de ser considerado crime contra a economia popular, passando a ser considerado nocivo se resultasse em abuso ao poder econômico.

O dispositivo constitucional acima somente veio a ser regulamentado com a Lei 4.137/1962,[8] que estabelecia, em seu art. 2.º, as formas de abuso do poder econômico: (I) dominar os mercados nacionais ou eliminar, total ou parcialmente, a concorrência;[9] (II) elevar, sem justa causa, os preços, no

[7] "Com a queda de Getúlio Vargas, o Decreto-lei 7.666/1945 foi revogado, em 9 de novembro do mesmo ano, pelo Presidente provisório José Linhares, não tendo superado três meses de vigência" (FORGIONI, 2005, p. 122-123).

[8] "A implementação, em nível de legislação ordinária, foi dada pela Lei 4.137, de 10 de setembro de 1962, tida por alguns como o real marco inicial do tratamento legal do antitruste no Brasil. Sua origem foi o projeto submetido pelo Deputado Agamemnon Magalhães, em 1948, cuja morosa tramitação o fez peregrinar nas Comissões por sete anos, sem nunca ter chegado ao Plenário. Consoante seu próprio autor, o desiderato do projeto era armar o Estado contra o poder dos grupos econômicos com intuito de proteger o consumidor brasileiro, tendo sua estruturação seguido a experiência americana, que combina a repressão administrativa com a judicial [...]" (OLIVEIRA e RODAS, 2004, p. 19).

[9] "Por meio de: a) ajuste ou acordo entre empresas, ou entre pessoas vinculadas a tais empresas ou interessadas no objeto de suas atividades; b) aquisição de acervos de empresas ou de cotas, ações, títulos ou direitos; c) coalizão, incor-

caso de monopólio natural, ou de fato, com o objetivo de aumentar, arbitrariamente, os lucros, sem aumentar a produção; (III) provocar condições monopolísticas ou exercer especulação abusiva com o fim de promover a elevação temporária de preços.[10]

Com o advento desta lei, a natureza penal da repressão ao abuso do poder econômico foi retirada, visto que, em seus arts. 43 e 47, fixa prazo para que os agentes econômicos cessem sua prática abusiva, sob pena do pagamento de multa ou, até mesmo, de execução judicial da decisão, com intervenção na empresa.

Através da citada Lei 4.137/1962, nasce o Conselho Administrativo de Defesa da Concorrência (CADE), com incumbência de apurar e reprimir os abusos do poder econômico, competindo-lhe, para tanto, entre outras coisas, realizar averiguações preliminares, ordenar providências para cessar a prática de abuso do poder econômico e cominar multa.

Venâncio Filho esclarece a polêmica sobre a natureza jurídica do CADE, vez que, na época, apesar das feições de órgão autárquico, configurava forma inominada, da qual se valia o Estado para o atendimento de suas funções:

> A Lei 4.173 se houve com impropriedade técnica, ao estabelecer que o CADE teria a sua procuradoria. Como órgão de administração direta, não poderia ter procuradoria própria, nem ter procuradores seus. A lei quis, por certo, se referir a assessores jurídicos, [...]. Nada mais fácil do que mostrar, no texto da Lei 4.137, que o Conselho de Defesa Econômica, [...] com representação legal de que se investe o seu presidente, com o poder de organizar o quadro de seu pessoal, com a capacidade processual de requerer e residir em juízo, é um

poração, fusão, integração ou qualquer forma de concentração de empresas; d) concentração de ações, títulos, cotas ou direitos em poder de uma ou mais empresas ou de uma ou mais pessoas físicas; e) acumulações de direção, administração ou gerência de mais de uma empresa; f) cessação parcial ou total das atividades de empresa promovida por ato próprio ou de terceiros; g) criação de dificuldades à constituição, ao funcionamento ou ao desenvolvimento de empresa" (BRASIL, 1962, art. 2.º).

[10] Faria afirma que a Lei 4.137/1962 peca pelo excesso de previsões de casos concretos, sendo preferível determinar normas gerais de proteção da concorrência (1990, p. 92-93).

> órgão autônomo, um órgão sui generis, que não se comporta, nem se prende ao quadro da simples repartição pública ligada e presa ao que se chama administração direta [...] (1998, p. 403-404).

Vale destacar, também, o art. 74 da Lei 4.137/1962, que submetia à aprovação e ao registro do CADE os atos, ajustes, acordos ou convenções entre as empresas, de qualquer natureza, ou entre pessoas ou grupo de pessoas vinculadas a tais empresas ou interessadas no objeto de seus negócios, que tenham por efeito a redução da concorrência, no mercado em análise. Tal dispositivo estabelece, portanto, um controle de todos os atos restritivos da concorrência, os quais só teriam validade após análise pelo CADE, não abrangendo, expressamente, as concentrações empresariais, que, aliás, não eram muito freqüentes.

O enfoque da defesa da concorrência, nesta época, em face da grande instabilidade econômica e da intervenção estatal em alta, estava voltado para o aumento abusivo dos preços e o desrespeito pelo consumidor, razão pela qual o papel desenvolvido pelo CADE ficou praticamente inoperante,[11] representando a Lei 4.137[12] mais um fracasso na tentativa de regulamentar o mercado concorrencial.

Com bem assinala Dutra (1996, p. 21), no período de 1965 a 1989, a intervenção estatal abrangeu toda a ordem econômica brasileira, criando-se um rígido controle de preços e uma ampla barreira alfandegária, o que resultou em dois efeitos: primeiro, na eliminação das condições para que o CADE pudesse regular a concorrência e aprimorar o mercado competitivo; e, segundo, na concentração do poder econômico em determinados mercados econômicos.

Forgioni aponta também, como causa para o insucesso legal acima comentado, a atuação do Poder Judiciário:

> Um dos principais problemas enfrentados na concretização das disposições da Lei 4.137 pelo CADE derivou da atuação do Poder Judiciário, agindo para a salvaguarda das garantias individuais dos cidadãos, constitucionalmente asseguradas. Assim, a grande maio-

[11] Os processos do CADE somavam, em 1975, cerca de 12, e a única condenação aplicada ocorreu em setembro de 1974, após dez anos de sua existência (BULGARELLI, 1997, p. 122).

[12] Revogada expressamente pelo art. 92 da Lei 8.884/1994.

ria das decisões do CADE acabou por ter seus efeitos suspensos em decorrência de mandados de segurança impetrados pelas empresas condenadas na esfera administrativa (2005, p. 136-137).

Esse quadro perdurou até o final da década de 1980, com a promulgação da Constituição de 1988, que, de forma inovadora, apresenta a livre concorrência[13] como princípio orientador da ordem econômica. Nesse período, se observa a redução da intervenção estatal, adotando-se uma política mais liberal, com abertura do mercado às importações, privatização das estatais e desregulamentação dos mercados.

Sob a égide da Carta atual e no governo do Presidente Fernando Collor de Mello, surgiu a Lei 8.158, de 8 de janeiro de 1991,[14] que, em seu art. 1.º, criou a Secretaria Nacional de Direito Econômico (SNDE), com competência para apurar e propor as medidas cabíveis, visando corrigir as anomalias de comportamento de setores econômicos, empresas ou estabelecimentos, bem como de seus administradores e controladores, capazes de perturbar ou afetar os mecanismos de formação de preços, a livre concorrência, a liberdade de iniciativa e os demais princípios constitucionais da ordem econômica.[15]

Em seguida, em seu art. 13, a Lei 8.158/1991 revogou, expressamente, o art. 74 da Lei 4.137/1962, que determina que os ajustes, acordos ou convenções restritivos da concorrência, sob qualquer forma manifestados, deviam ser apresentados trinta dias após sua realização e só seriam válidos após anuência da SNDE, o que representa um controle a posteriori, já que a análise, pela SNDE só ocorreria após a realização do ato.

A propósito, incluíam-se como atos suscetíveis de controle pela SNDE aqueles que visassem qualquer forma de concentração econômica, seja por

13 Sobre livre concorrência na ordem constitucional atual, ver item 3.3, cap. 3.

14 Medida Provisória 204, de 02.08.1990, convertida, posteriormente, na Lei 8.158, de 08.01.1991.

15 Importante registrar que, conforme Oliveira e Rodas (2004, p. 21-22), "[...] a Lei 8.158, de 8 de fevereiro de 1991, objetivando 'conferir eficiência e rapidez à atuação do poder público', no momento em que a economia brasileira abria-se ao mundo, acabava-se o controle de preços e iniciava-se o processo de privatização das empresas estatais, trazendo grandes inovações. [...]. A grande mudança, entretanto, foi a corporificação de um órgão de Governo, a Secretaria Nacional de Direito Econômico – SNDE, vinculada ao Ministério da Justiça, dotada de ampla competência [...]".

meio de fusão ou incorporação de empresas, constituição de sociedade para exercer o controle de empresas ou qualquer outra forma de agrupamento societário ou concentração econômica, cuja conseqüência resultasse na participação da empresa ou grupo de empresas, em 20% de um mercado relevante de bens ou serviços. Assim, ao contrário da lei anterior, os atos de concentração foram incluídos, expressamente, no controle de um órgão antitruste, no caso a SNDE.

Entretanto, como a lei anterior (Lei 4.137/1962) não foi revogada em sua totalidade, o CADE continuou a funcionar como órgão de defesa da concorrência, resultando em grande confusão que, certamente, contribuiu para o fracasso da Lei 8.158/1991.[16]

Em 11 de junho de 1994 surge a Lei 8.884, ainda em vigor, que representa uma evolução em matéria de defesa da concorrência, na medida em que deixou de ser aplicada para controlar preços e defender, diretamente, os consumidores, passando a ser utilizada em sua real finalidade, a regulação do mercado econômico, preservando a concorrência útil para o seu desenvolvimento e reprimindo o abuso do poder econômico, produzindo efeitos benéficos para os consumidores.[17]

[16] Forgioni (2005, p. 143) afirma que: "Dilui-se a aplicação da Lei 8.158, de 1991, como uma lei antitruste, quer para corrigir disfunções que se apresentam no mercado, quer para auxiliar a implementação de uma determinada política pública. Ao contrário, tirada do bolso em momentos de conveniência política, a Lei Antitruste foi lançada, com grande bulha por parte do governo e da imprensa, contra agentes econômicos que auferissem "lucros abusivos".

[17] Para entender o contexto político-econômico em que surgiu a Lei 8.884/1994, transcrevem-se abaixo as palavras de Ruy Coutinho do Nascimento, ex-presidente do CADE e ex-secretário de Direito Econômico: "No início da década de 1990, no momento em que o Brasil passava por uma das mais agudas crises institucionais de sua história, que culminou com o *impeachment* do Presidente da República, questionava-se o futuro da defesa da concorrência no contexto de nossas políticas públicas. A reunião de alguns elementos, como o início do processo de abertura econômica, com a conseqüente desativação dos mecanismos de controle de preços então vigentes, e a aceleração do processo de globalização, gerou um grande eixo de preocupação que se centrava na dúvida quanto à adequação da legislação nacional antitruste [...]. Foi nesse ambiente de profunda insegurança político-econômica que o Presidente Itamar Franco decidiu enviar ao Congresso Nacional projeto de lei que sistematizava a até

4.2 Lei 8.884/1994: aspectos principais

A Lei 8.884/1994 disciplina, conforme previsto no art. 1.º, a prevenção e repressão às infrações contra a ordem econômica orientada pelos ditames constitucionais da livre-iniciativa, livre concorrência, função social da propriedade, defesa dos consumidores e repressão ao abuso do poder econômico. O titular dos direitos protegidos é a coletividade, ou seja, não se destina à tutela de interesses privados, mas, sim, à defesa da concorrência, beneficiando o consumidor.

O âmbito de aplicação da Lei 8.884/1994, delimitado em seu art. 2.º, abrange não só as práticas cometidas no território nacional, como também todas aquelas que nele possam produzir efeitos, sem prejuízo de convenções e tratados de que o Brasil seja signatário. Assim, o interesse não está em saber o local onde foi celebrado o ato ou contrato, mas, sim, se os seus efeitos repercutiram no território nacional.

Os sujeitos da Lei em comento estão fixados em seu art. 15, como sendo:

> [...] pessoas físicas ou jurídicas de direito público ou privado, bem como quaisquer associações de entidades ou pessoas, constituídas de fato ou de direito, ainda que temporariamente, com ou sem personalidade jurídica, mesmo que exerçam atividade sob regime de monopólio legal.

O dispositivo acima possui definição ampla, de forma a incluir todo e qualquer ente, público ou privado, submisso à Lei 8.884/1994, não permitindo, portanto, artifícios para fugir à aplicação da norma antitruste. Assim, mesmo entidades sem fins lucrativos e associações empresariais estarão sujeitas a sua incidência, caso pratiquem ato anticoncorrencial.

Apenas a aplicação da lei aos casos concretos indicará o alcance real da legislação antitruste, visto que esta se distanciou das teorias clássicas sobre

então inorgânica legislação de defesa da concorrência, basicamente as Leis n, 4.137/62 e 8.159/91, e que passava a enfatizar as vertentes preventiva e repressiva [...] A sanção da nova lei se deu exatamente entre as chamadas fases 2 e 3 do Programa de Estabilização [...] Foi, portanto, nessa atmosfera institucional-legal de enorme tensão que veio à luz a Lei n. 8.884/94 [...]" (NASCIMENTO, 2004, depoimento introdutório).

empresa como organização ou instituição, de forma a permitir que a lei penetre os múltiplos mecanismos do mercado. Apesar do direito antitruste alcançar pessoas que, a rigor, não são empresas, isso se justifica porque tais pessoas figuram como empresa (FONSECA, 1997, p. 52).

A análise dos atos e práticas restritivos da concorrência passa, necessariamente, pelo exame do mercado, de forma a constatar se ocorreu interferência neste, desestabilizando oferta e procura. Assim, no direito antitruste, a noção de mercado e suas dimensões são imprescindíveis, tanto que a Lei 8.884/1994, para delimitá-la, apresenta a expressão "mercado relevante".[18]

Entretanto, a lei acima citada não apresenta a definição de mercado relevante, cabendo ao aplicador da lei a tarefa de construir e concretizar o sentido ali contido. Tal definição é utilizada na análise dos atos anticoncorrenciais, especialmente no âmbito dos atos de concentração, que são objeto da presente pesquisa.

A concretização de um fenômeno de poder econômico ocorre dentro de um mercado de bens ou serviços; a individualização desse mercado corresponde ao campo de atuação do agente econômico, mais especificamente o mercado relevante. Para delimitá-lo, será necessário analisar a dimensão geográfica e a substitutibilidade do produto ou serviço desenvolvido na atividade empresarial.

Assim, o poder de mercado de uma empresa será mensurado de acordo com o mercado em que atua. O presente trabalho não tem como objetivo explorar o conceito de mercado relevante, mas, apenas, apresentá-lo para efeito de compreensão do direito antitruste.[19]

4.2.1 Conselho Administrativo de Defesa Econômica (CADE) na Lei 8.884/1994

De acordo com o art. 3.º da Lei 8.884/1994, o CADE passou a ser uma autarquia federal vinculada ao Ministério da Justiça, integrante do Poder Executivo. Como não faz parte do Poder Judiciário, mas, sim, do Executivo, não possui, *a priori*, função jurisdicional. Entretanto, possui poder para

[18] Conforme os seguintes dispositivos: art. 14, II; art. 20, II, §§ 2.º e 3.º; art. 54, *caput* e inc. III, do § 1.º.

[19] Para análise sobre mercado relevante, ver Forgioni, 1998, p. 199-218.

julgar a questão que lhe é apresentada, adquirindo caráter judicante na esfera administrativa.[20]

É o denominado órgão administrativo quase judicial, pois, muito embora suas formalidades correspondam às praticadas nos atos judiciais, conserva a natureza administrativa. Como exemplos, também assim são chamados o Conselho de Contribuintes e o Tribunal Marítimo.

Na forma do art. 5.º, XXXVI, da Constituição Federal, a lei não pode excluir da apreciação do Poder Judiciário lesão ou ameaça a direito, razão pela qual as decisões do CADE estão sujeitas a revisão do Poder Judiciário.[21-22] Como esclarece Fonseca (1997, p. 59), o Judiciário poderá apreciar as decisões do CADE, sem, contudo, avocar para si a discricionariedade técnica do SBDC, devendo, inclusive, moderar na concessão de liminares suspensivas das decisões do CADE, a fim de não retirar a efetividade do direito antitruste.

[20] Segundo Andrade (2002, p. 305): "Um aspecto fundamental trazido pela Lei 8.884/94 foi a transformação do CADE em autarquia, assegurando a sua independência. Ressalta-se, entretanto, que essa independência não significa, como veremos, que as suas decisões não estejam sujeitas ao controle judicial, nem à obediência aos princípios administrativos".

[21] Por ser o CADE uma autarquia federal, de acordo com o art. 109, I, da Constituição Federal de 1988, a competência para julgamento das questões envolvendo o CADE é da Justiça Federal.

[22] De acordo com matéria publicada na *Gazeta Mercantil*, de autoria de Lorenna Rodrigues, em 23.05.2006: "Apesar de o Conselho Administrativo de Defesa da Concorrência (Cade) ser o foro onde são julgadas ações que colocam em risco a concorrência, é cada vez mais comum as decisões do órgão serem contestadas na Justiça. Segundo a procuradoria do Cade, em 1997 tramitavam na Justiça menos de 100 ações contra decisões do órgão. Hoje, ultrapassa 700 ações. Dos R$ 56 milhões em multas aplicadas pelo órgão desde 2002, menos de 40% foram pagas até 2004. [...] Nos bastidores do direito econômico são discutidas alternativas para evitar que a chamada "judicialização da concorrência" atrase ainda mais questões como fusões de empresas e vendas de participações. A mais polêmica delas é a criação de uma "Justiça da Concorrência", que eliminaria o órgão administrativo (Cade) e instauraria ações diretamente no Judiciário. O modelo é parecido com o dos Estados Unidos. [...] Outra alternativa seria limitar os recursos ao judiciário a questões administrativas, relativas à condução do processo no Cade e não a questões de mérito da decisão, como acontece atualmente. Cogita-se, ainda, impedir que as empresas recorram de decisões no próprio Cade, transformando a Justiça Federal em uma espécie de segunda instância do órgão".

A decisão do CADE é discricionária,[23] e o magistrado, ao examiná-la, não pode substituir a avaliação do administrador. A análise do Judiciário está restrita ao controle de legalidade do ato, ou seja, se o administrador observou, no exercício da discricionariedade, os limites legais.[24]

Vale transcrever a analogia pragmática entre a técnica utilizada pelo médico e a do sistema antitruste, ambas submetidas à análise pelo Judiciário, citada por Farina:

> [...] Por exemplo, [...] a apuração da responsabilidade do médico por dano ao paciente. Existem duas técnicas diferentes para uma determinada doença. Não cabe ao juiz julgar qual das técnicas é a melhor; se as duas são tradicionalmente aceitas e o médico agiu dentro de uma delas (e, mesmo assim, causou danos ao paciente), não pode ser considerado culpado por ter usado uma técnica, que a critério do juiz seria melhor ou pior do que a outra. [...] esse juízo de valor compete ao administrador. Portanto, parece-nos que dentro desse conceito de controle da legalidade a ser feito pelo Poder Judiciário não está incluído o mérito submetido, eventualmente, ao exame do Judiciário, porque este mérito é apreciado dentro do poder discricionário que toca ao CADE. [...] ao Judiciário caberá avaliar [...] se os ditames constitucionais relativos à atividade administrativa foram ou não cumpridos, mas jamais modificar o juízo de valor a respeito de determinada situação, tomado com base no poder discricionário da autoridade administrativa (FARINA, 1996, p. 108).

Para analisar a revisão judicial das decisões do CADE, na prática, Oliveira e Rodas (2004, p. 330-331), citando relatório de um escritório de advocacia, revelam que o Judiciário tem revisto as decisões, existindo êxito dos administrados, determinando, em geral, depósito em

[23] A aplicação da regra da razão revela a discricionariedade das decisões do CADE.

[24] Vale registrar que esse entendimento não é dominante. Ferraz (apud OLIVEIRA e RODAS, 2004, p. 327) defende que as decisões do CADE são atos vinculados, pois, ao utilizar critérios técnicos para identificar o prejuízo à concorrência (conceito indeterminado a ser interpretado tecnicamente), se obriga, por eles, ao contrário da discricionariedade própria que ocorre quando o administrador recorre a critérios técnicos, mas pode exercer seu juízo conforme critérios de conveniência e oportunidade.

dinheiro do valor em questão para suspender a exigibilidade de multas pecuniárias.[25]

4.2.1.1 CADE: composição e atribuições

O Plenário do CADE, na forma do *caput* do art. 4.º da Lei 8.884/1994 é composto por um presidente e seis conselheiros. Estes são escolhidos entre os cidadãos com mais de trinta anos, de notável saber jurídico ou econômico e reputação ilibada, nomeados pelo Presidente da República, depois de aprovados pelo Senado Federal.

O CADE, no exercício das atribuições que a lei lhe confere, deve exercer o controle sobre a iniciativa privada quando esta praticar infrações à ordem econômica, na forma do art. 20 da Lei 8.884/1994. Esta, aliás, adota a teoria da responsabilidade objetiva, que prescinde da análise da culpa, elencando os atos que constituem infração à ordem econômica.

Tal artigo prevê infração, independentemente de culpa, para quaisquer formas de atos que visem limitar, falsear ou prejudicar a livre concorrência ou a livre-iniciativa, dominar mercado relevante de bens e serviços, aumentar arbitrariamente os lucros ou exercer, de forma abusiva, posição dominante. Tais infrações são puníveis, mesmo que o objetivo não seja alcançado. O domínio do mercado ora abordado é aquele nefasto aos interesses da coletividade, exercido sem ética ou respeito aos concorrentes, visando ao domínio e à manipulação do mercado, não se importando com as conseqüências sociais dessa prática.[26]

[25] Foi o que ocorreu, por exemplo, com a empresa Xerox do Brasil, que recorreu da decisão do CADE (Processo n. 23/91), na qual recebeu multa por prática de venda casada, tendo o Judiciário determinado o depósito em juízo do valor da multa, para prosseguir o processo, segundo Silveira.

[26] Vale destacar que, no Brasil, não se pune a posição dominante em si; apenas o abuso da posição dominante é vedado, como preceitua o § 1.º do art. 20. A posição dominante resultante de processo natural, fundada na maior eficiência do agente econômico em relação a seus competidores, e não caracteriza infração à ordem econômica. Segundo o disposto nesse artigo, o ato poderá ser manifestado sob qualquer forma, sendo necessária, apenas, a constatação dos efeitos atuais ou potenciais para comprovar a existência da prática vedada.

4.2.2 Regra da razão e a sua aplicação

O sistema jurídico pátrio, mais especificamente a Constituição Federal de 1988 e a Lei 8.884/1994, ao reprimir o abuso de poder econômico, adota a regra da razão, visto que determinada conduta só será tida como abusiva se visar à dominação dos mercados, à eliminação da concorrência e ao aumento arbitrário dos lucros, ainda que tais fins não sejam alcançados. O princípio da regra da razão representa a flexibilidade na aplicação da norma antitruste.[27]

Forgioni, citando Frignani e Waelbroeck, afirma que a regra da razão é destinada a viabilizar a realização de uma determinada prática, ainda que restritiva da concorrência, afastando as barreiras legais a sua concretização, sendo utilizada na interpretação das normas antitruste. Ao aplicar a regra da razão, verifica-se que só serão ilegais os atos que, de forma não razoável, limitem a concorrência (1998, p. 180-181).

Verifica-se que a Lei 4.137/1962 determinava, em seu art. 2.º, quais as formas de abuso do poder econômico, sendo que tais práticas eram consideradas, por si, como prejudiciais à concorrência. A utilização da ilicitude per se dispensa a análise das condições e circunstâncias em que se insere o ato praticado, os agentes econômicos envolvidos e a estrutura concorrencial.

Já a Lei 8.158/1991, art. 3.º, adotou o princípio da regra da razão, na medida em que constituía como infração à ordem econômica a prática que tivesse como objeto ou produzisse efeito de dominar mercado de bens e serviços, prejudicar a livre concorrência ou aumentar arbitrariamente os lucros. Assim, a ilicitude do ato dependerá da sua interpretação, ou seja, se restar configurada uma restrição não razoável na concorrência, o ato será ilícito.

A Lei 8.884/1994 revogou ambas as leis acima citadas, mas conservou a regra da razão como um identificador do abuso do poder econômico. O

[27] Magalhães destaca que: "Menos rígidas que as leis norte-amercianas as legislações européias abandonaram o sistema de nulidade de 'per se' dos acordos em restrição à concorrência, e passaram a distinguir entre os 'bons' e os 'maus' acordos de restrição à concorrência, no que se basearam na 'regra da razão' desenvolvida pelos tribunais americanos, admitindo a validade ou não desses acordos segundo parâmetros que em geral vinham estabelecidos nas próprias leis, desde que submetidos os ajustes aos órgão (sic) de aplicação à lei antitruste [grifos do autor]" (1980, p. 331).

art. 21 enumera algumas das condutas que poderão caracterizar infração da ordem econômica, sendo que só serão reprimíveis, se restar configurado o abuso do poder econômico na forma do art. 20.[28] Assim, o SBDC, ao analisar o ato, deverá considerar o contexto econômico em que se celebrou o ato, aplicando o princípio da regra da razão.

Até mesmo ao exemplificar as condutas, o legislador reforça a necessidade da razoabilidade como balizadora da configuração do abuso do poder econômico, pois anuncia como exceção à configuração da infração a existência de justa causa, ou seja, de explicação razoável para determinada conduta, como nos incs. XVII, XVIII, XX, XXI e XXIV, todos do art. 21 da Lei 8.884/1994.[29]

A regra da razão em muito se assemelha ao princípio constitucional da proporcionalidade – anunciado no item 3.3.1 –, na medida em que ambos são aplicados na interpretação das normas. A diferença essencial se concentra na origem e no âmbito de aplicação: enquanto a regra da razão nasceu e se aplica no direito antitruste, o princípio da proporcionalidade originou-se no direito administrativo, posteriormente foi incorporado na ordem constitucional e, hoje, é aplicado como regra hermenêutica em todo o ordenamento jurídico, com aplicação, inclusive, no direito civil, visando preservar a proporcionalidade entre os meios empregados e os fins previstos em direito.

De qualquer maneira, o princípio da proporcionalidade, enquanto preceito constitucional, também poderá ser aplicado aos atos administra-

[28] O art. 20 da Lei 8.884/1994 constitui como infração da ordem econômica, independentemente de culpa, os atos que tenham por objeto ou possam produzir efeitos, como prejudicar a livre concorrência ou a livre-iniciativa; dominar mercado relevante de bens e serviços; aumentar arbitrariamente os lucros e exercer de forma abusiva posição dominante, ainda que esses objetivos não sejam alcançados.

[29] "Art. 21. As seguintes condutas, além de outras, na medida em que configurem hipótese prevista no art.. 20 e seus incisos, caracterizam infração da ordem econômica: [...] XVII – abandonar, fazer abandonar ou destruir lavouras ou plantações, sem justa causa comprovada; XVIII – vender injustificadamente mercadoria abaixo do preço de custo; [...] XX – interromper ou reduzir em grande escala a produção, sem justa causa comprovada; XXI – cessar parcial ou totalmente as atividades da empresa sem causa comprovada; [...] impor preços excessivos, ou aumentar sem justa causa o preço de bem ou serviço [...]."

tivos julgados pelo CADE, com intuito de preservar a proporção entre os meios empregados e os fins previstos em lei.

Da mesma forma que o citado princípio é utilizado na interpretação da obrigação de não-concorrência a fim de eliminar excessos, também a regra da razão é utilizada pelos órgãos do SBDC na apreciação da cláusula de não-concorrência, como será analisado no item 4.4.

4.2.3 *Atos de concentração: controle prévio ou* a posteriori?

Antes de abordar a forma de controle exercida pelo SBDC, é necessário fixar o conceito de ato de concentração. Para tanto, transcrevem-se abaixo as palavras de Oliveira e Rodas (2004, p. 186):

> O poder econômico – capacidade de certa empresa em influir em determinado mercado – normalmente surge de maneira espontânea e paulatina, por crescimento interno, em virtude da qualidade de seus produtos ou serviços, de seu *marketing* e de sua administração, em suma, por um conjunto de meios eficientes acumulados por determinada empresa. Contudo, esse poder pode surgir mediante o ato jurídico de integração de empresas, por meio de um ato de concentração.

O *caput* do art. 54 da Lei 8.884/1994 estabelece a competência do CADE para apreciar todo ato que, de qualquer forma, possa vir a limitar e/ou prejudicar a livre concorrência ou resultar na dominação de mercado relevante de bens e serviços.

A legislação antitruste está voltada para a análise de qualquer ato capaz de alterar a estrutura concorrencial, independentemente da forma de que se reveste.[30] O CADE se preocupa em analisar se os efeitos decorrrentes do ato de concentração, dentro da estrutura concorrencial, são ou serão maléficos à livre concorrência.

O órgão antitruste poderá não aprovar o ato propulsor da concentração do poder econômico presumindo que tamanho acúmulo de poder econômico resultará em seu abuso ou obstaculizará o ingresso de novos

[30] Forgioni declara que, embora a definição de ato jurídico seja prevista no Código Civil, não se pode importar definições clássicas do direito civil para o direito da concorrência, sob pena de não ser adequada, já que o ato nulo de pleno direito, inválido ou ineficaz, ou inexistente no mundo jurídico, poderá subsumir-se à legislação antitruste brasileira (1998, p. 147-148).

concorrentes, sem constatar um efetivo abuso do poder, e isto porque o direito de defesa da concorrência tem como premissa de ordem econômica o seguinte: quanto maior o número de concorrentes, maior a quantidade de produtos oferecidos, e menor o preço deles.

O art. 54 da Lei 8.884/1994 visa frustrar a possibilidade de se ter, com uma alta concentração do poder econômico em determinados setores da economia, o seu abuso, vindo a afetar, negativamente, o mercado concorrencial (DUTRA, 1996, p. 12).

De acordo com o § 4.º do art. 54, os atos deverão ser apresentados, previamente, ou no prazo máximo de 15 dias úteis após a sua realização, de forma que a notificação prévia não constitui uma obrigatoriedade.[31] Enquanto os atos estão sob apreciação dos órgãos competentes – CADE, Secretaria de Direito Econômico (SDE) e Secretaria de Acompanhamento Econômico (SEAE) –, os seus efeitos não ficarão suspensos, salvo se as partes estabelecerem uma condição suspensiva.

A Resolução do CADE 15, de 19 de agosto de 1998, em seu art. 2.º, interpreta e normatiza o art. 54, estabelecendo que:

> [...] o momento da realização da operação, para termos do cumprimento dos §§ 4.º e 5.º do art. 54 da Lei 8.884/94, será definido a partir do primeiro documento vinculativo firmado entre as requerentes, salvo quando alteração nas relações de concorrência entre as requerentes ou entre pelo menos uma delas e terceiro agente ocorrer em momento diverso.[32]

[31] As partes deverão enviar o material em três vias para a SDE, que se encarregará de remeter uma via para o CADE e a outra para a SEAE.

[32] O Ato de Concentração 168/1997, das empresas Plus Vita S/A e Van Mill Produtos Alimentícios Ltda é indicado como precursor da Resolução 15 do CADE. Nesse caso, a tempestividade na apresentação da operação suscitou controvérsia quanto à definição do termo *a quo* para a contagem do prazo. Existiam três datas possíveis: a da assinatura do contrato de compra e venda; a data prevista para fechamento da operação e a data em que se efetivou o fechamento da operação. O CADE decidiu pela intempestividade na apresentação da operação, sob o argumento de que na data prevista para a conclusão da operação, apesar do adiamento, as partes firmaram um acordo para que a empresa adquirente passasse a distribuir produtos da adquirida e compartilhar a administração desta. Portanto, como uma empresa passou a ter capacidade

Tal resolução restringe a faculdade das partes de notificar a realização do ato a posteriori, conforme previsto no *caput* do art. 54, como também não satisfaz plenamente ao seu propósito, trazendo novas incertezas, especialmente a definição do momento em que o ato está apto a produzir efeitos no mercado concorrencial.

Na Resolução 15/1998, o CADE expressa seu entendimento de que, em regra, as operações passam a alterar as condições do mercado concorrencial quando da assinatura do primeiro documento vinculativo,[33] o que será o marco para a contagem do prazo de 15 dias úteis para notificá-lo.

Entretanto, excepcionalmente, pode ocorrer que a operação influa no comportamento concorrencial entre as partes e/ou de uma destas com

de influir na outra, foi provocado o início do prazo para apresentação do ato, não considerando, nesse caso, a data de assinatura do contrato de compra e venda, que foi o primeiro documento firmado entre as partes. "*Ementa*: Ato de Concentração. Aquisição pela Plus Vita, da totalidade das quotas do capital da Van Mill. Conhecimento. Intempestividade. Lei 8.884/94, artigo 54, §§ 3.º, 4.º e 5.º. 1. Ainda que não realizado o requisito da fatia de mercado, a operação que envolve concentração vertical deve ser conhecida pelo requisito do faturamento, pois não se trata de mera compra e venda de ativos via aquisição de quotas do capital. 2. *Para efeito da contagem do prazo de apresentação, o ato se realiza a partir de quando uma das requerentes adquire a capacidade de coordenar o comportamento concorrencial, como aconteceu no caso mediante 'administração compartilhada' e incluindo a distribuição de produtos da empresa adquirida, independentemente da prorrogação formal da data de fechamento do negócio.* [...] *Acórdão*: Vistos, relatados e discutidos os presentes autos, na conformidade dos votos e das notas eletrônicas, acordam os Conselheiros do Conselho Administrativo de Defesa Econômica *(Cade), por unanimidade, aprovar a operação sem restrições, condenando as requerentes ao pagamento, no prazo de 30 dias, de multa de 60.000 (sessenta mil) UFIRs por intempestividade na apresentação do ato. Deliberando ainda que a multa poderá ser suspensa caso as requerentes, antes do vencimento do prazo, apresentem contraprova suficiente de que a administração compartilhada referida na decisão não se operou na data mencionada na mesma decisão.* Relator: Conselheiro Antonio Fonseca. 18-3-1998" [grifos nossos]. Disponível em: <www.aor.com.br/cade>.

33 O CADE vem admitindo como instrumento vinculativo não apenas o contrato devidamente assinado, mas também o protocolo de intenções, memorando, acordos entre concorrentes etc.

terceiro, em momento diverso,[34-35] por isso o prazo para notificar o CADE sobre a operação será analisado em cada caso concreto.

O cerne da questão está em definir o que representa a "alteração nas relações de concorrência", ou seja, em que momento a operação terá potencial para provocar a supressão ou redução na concorrência entre as partes ou entre uma das partes e um terceiro agente.

Enquanto os agentes econômicos entendem, por conveniência ou não, que apenas com o fechamento da operação ocorrerá mudança na concorrência, os órgãos antitrustes, na maioria das vezes, sustentam que qualquer documento vinculativo, ainda que com cláusulas incertas e futuras, poderá alterar as relações da concorrência, obrigando a notificação no início da operação, portanto antes do fechamento.[36]

[34] Este momento diverso pode significar que o mercado concorrencial sofra alterações depois ou até mesmo antes da assinatura do primeiro documento vinculativo. Entretanto, analisando as decições do CADE, não se encontra prazo da notificação deflagrado antes da assinatura de qualquer documento entre as partes.

[35] O Conselheiro Fernando de Oliveira Marques, em seu voto no ato de Concentração 08012.002191/2002-97, em que são requerentes USA Networks Inc. e Vivendi Universal S/A, expõe que, na forma da segunda parte do art. 2.º da Resolução 15, o momento de realização da operação prescindirá da formalização de documentos entre as partes e ocorrerá quando as relações de concorrência sofrerem alterações (BRASIL/CADE, 2002). Esta, porém, não é a hipótese da prática em tela.

[36] Nesse sentido, segue abaixo transcrição parcial do voto vogal do Conselheiro do CADE, Ruy SantaCruz, proferido em 7 de abril de 1999: "Os atos sob qualquer forma manifestados que *possam* afetar a concorrência devem ser apresentados para análise na forma do seu parágrafo 4.o. Parece-me claro que um contrato de compra e venda, mesmo que sujeito a cláusulas incertas e futuras, *pode* afetar a concorrência. E, na forma do artigo 2.o da resolução do CADE n. 15, pode alterar as relações de concorrência entre as partes e entre estas e terceiros agentes econômicos. Basta que o ato possa afetar a concorrência. A apresentação é compulsória e, desse modo, não cabe às partes avaliarem se os efeitos sobre os mercados ocorreram ou não. Considero, ainda, que na lei antitruste brasileira uma potencial alteração na concorrência decorrente de um ato não pode ser entendida como o momento a partir do qual as concorrentes passam a atuar de forma harmoniosa no mercado. [grifos do autor]" (BRASIL/CADE, 1999a).

É muito comum, em operações que envolvam grandes quantias, que até o fechamento efetivo ocorram várias etapas e/ou condições, o que dificulta, mais ainda, definir qual o primeiro ato vinculativo que alterará, ao menos potencialmente, as condições da concorrência entre as partes, bem como entre elas e os demais agentes do mercado.

Nesse contexto, para contagem do prazo da apresentação da operação, o que interessa é o momento, efetivo ou presumido, a partir do qual a empresa se torna capaz de influenciar o comportamento da outra, alterando o mercado concorrencial.

Andrade (2002, p. 345) afirma que a Resolução retrocitada eliminou o controle a posteriori, na medida em que os agentes econômicos não mais poderiam notificar uma operação após a sua realização, como facultado pela Lei 8.884/1994.

Entretanto, nessa pesquisa, busca-se demonstrar que não se trata de eliminação propriamente dita, mas de limitação ao controle posterior, pois a alteração no mercado concorrencial pode coincidir com o fechamento da operação.[37]

[37] Como se depreende dos dois votos, parcialmente transcritos: 1.º) "Assim sendo, considero que esse documento não especifica compromissos ou vínculos que demonstrem a capacidade de causar uma antecipação dos resultados da operação (que se dariam no seu efetivo fechamento), no que tange às relações concorrenciais. As informações disponibilizadas referiam-se apenas à avaliação do negócio. Por essas razões, *considero a apresentação em 01 de fevereiro de 2002 tempestiva, tendo por base a data da celebração do Contrato de Compra e Venda de Ativos assinado em 11 de janeiro de 2002*" [grifos do autor] (BRASIL/CADE, 2002c).

2.º) "Tenho defendido perante este E. Conselho que o melhor critério, em termos de efetividade e atendimento às finalidades engedradas pelo diploma legal antitruste brasileiro (Lei 8.884/94), *à aferição do marco incial à contagem do prazo para apresentação de operação ao SBDC é a data do efetivo fechamento do negócio.* [...] Utilizando a premissa da capacidade de um agente influir de forma determinante no comportamento de outro agente como marco inicial à contagem do prazo para as partes apresentarem o ato de concentração e tendo por certo que *a maioria das operações apresenta tal grau de vinculação negocial no momento do fechamento do negócio*, entendendo que a operação ora em apreço deve ser considerada tempestiva, haja vista ter sido apresentada dentro da quinzena de sua efetiva conclusão (segunda etapa): a) fechamento efetivo – 16 de março de 2001; b) data da apresentação – 06 de abril de 2001" (BRASIL/CADE, 2002b).

4.2.3.1 Eficácia dos atos de concentração durante avaliação pelo CADE

As práticas realizadas pelos agentes econômicos, enquadradas no art. 54 da Lei 8.884/1994, operarão seus efeitos com plena eficácia, até realização de condição futura e incerta, qual seja a autorização do CADE,[38] como preceitua o § 7.º do artigo retrocitado.

A Resolução 15 do CADE também não solucionou a questão da suspensão dos atos de concentração quando sob análise pelo SBDC, de forma a preservar o mercado concorrencial, pois não impede, mesmo quando o ato de concentração seja notificado previamente, que a operação se concretize, produzindo efeitos.

Quando o órgão antitruste constatar que os efeitos da concentração do poder econômico, decorrentes ou a decorrer de determinada prática, são nocivos à concorrência, existindo possibilidade, efetiva ou potencial, de ocorrer abuso do poder econômico, não aprovará o ato, podendo desconstituí-lo parcial ou totalmente, seja por meio de distrato, cisão de sociedades, venda de ativos, cessação parcial de atividades ou qualquer outra providência que elimine os efeitos nocivos à ordem econômica, como preceitua o § 9.º art. 54 desta lei.

Em face das características da cláusula resolutiva tácita, que é condição imputada ao ato de concentração, constata-se a sua eficácia perante terceiros, ou seja, a desconstituição do ato não retroage, operando efeitos *ex nunc*. Durante o período em que o ato estava plenamente eficaz, os terceiros se tornaram sujeitos de direitos adquiridos.

Assim, os danos decorrentes da desconstituição do negócio podem ser incalculáveis, ainda mais se levada em conta a responsabilidade civil dos agentes econômicos que podem vir a responder por perdas e danos causados a terceiros, conforme § 9.º do art. 54 da lei em comento.

Nesse aspecto, Oliveira e Rodas, na análise dos aspectos procedimentais do ato de concentração, afirmam que:

> Os atos em estudo têm sua eficácia condicionada à sua aprovação, retroagindo neste caso à data de sua realização. Ao concluir por sua não aprovação, o CADE poderá determinar a desconstituição, total ou par-

[38] Trata-se de analogia, pois como preceitua o art. 121 do Código Civil de 2002, admite-se como condição a cláusula que deriva exclusivamente da vontade das partes, subordinando o efeito do negócio jurídico a evento futuro e incerto.

cial, dos que não foram realizados sob condição suspensiva ou já tiverem produzido efeitos perante terceiros (art. 59, § 9.º) (2004, p. 189).

Dessa forma, os atos de concentração realizados pelos agentes econômicos poderão ser alterados e, até mesmo, desconstituídos por imposição do CADE, tornando a liberdade de efetivar qualquer ato de concentração concedida aos agentes econômicos pela legislação antitruste do Brasil, lastreada na insegurança das relações contratuais, pois estará sujeito à não aprovação pelo órgão competente.

4.3 Projeto de lei: proposta de alteração do controle dos atos de concentração

Vale registrar que o governo tenta alterar a Lei 8.884/1994 e, mais especificamente, o seu art. 54 por meio de projeto de lei atualmente em trâmite na Casa Civil, que, após inúmeras críticas, foi alterado, separando as áreas de defesa da concorrência e do consumidor, criando uma agência específica para cada área.

A nova Agência Nacional de Defesa da Concorrência (ANC) deverá substituir o CADE, incorporando tarefas que hoje cabem à SEAE e à SDE.[39] Da leitura de parte das alterações propostas pelo projeto em tela verifica-se que o controle exercido hoje pelo CADE deixaria de ser a posteriori, pois os agentes econômicos submeteriam à ANC a pretensão de realizar futuros atos de concentração no prazo de uma semana após a conclusão da proposta de acordo ou anúncio da oferta pública de aquisição ou de troca.

A vantagem dos dispositivos supracitados reside no fato de não se vislumbrar alteração ou desconstituição de contratos efetivados, eliminando a possibilidade de imputação de responsabilidade civil por perdas e danos eventualmente causados a terceiros.

Embora tal inovação legislativa possa trazer uma segurança maior, o certo é que a própria lei em vigor, regulamentada pela Resolução 15, admite como faculdade a possibilidade de o órgão antitruste apreciar, previamente, os atos concorrenciais. Indaga-se, então, por que não se torna prática a análise prévia dos atos de concentração?

[39] Divulgado por Ayr Aliski, Planalto insiste em mudar sistema antitruste, *Gazeta Mercantil*, de 24.09.2001.

Certamente a postura dos agentes econômicos em efetivar as operações para posterior apreciação decorre da demora dos órgãos antitruste em responder os casos em análise. Não se pode ignorar o emperramento do processo de exame de atos restritivos à concorrência, que se desenvolvem até por mais de quatro anos, o que inviabiliza a espera de resposta por parte dos agentes econômicos, ansiosos, e às vezes necessitados, de celebrar determinado ato de concentração, afastando a faculdade dos agentes econômicos de submeter as operações previamente.[40]

Então, é preciso analisar com cautela a solução proposta pelo Projeto de Lei que prevê prazos exíguos para a ANC analisar o ato de concentração a ser celebrado, estabelecendo aprovação automática após expirado tal prazo, expondo a risco a finalidade da referida Agência. Isso porque se a estrutura e metodologia de análise do órgão antitruste não forem radicalmente alteradas, possibilitando o exercício de sua função no tempo previsto, os atos serão autorizados por decurso de prazo.

Esta "aprovação automática" constitui uma sanção imposta à ANC por sua eventual ineficácia, o que desvia a sua finalidade social, vez que a referida agência será impedida de analisar as repercussões do ato a ser celebrado. Ao que tudo indica, é um projeto que já nasce fadado ao fracasso, visto que, ao mesmo tempo em que cria a Agência, conferindo-lhe como finalidade precípua a defesa e promoção da livre concorrência, a afasta da sua função, podendo gerar graves ameaças à ordem econômica.

A experiência do Brasil em direito antitruste ainda é embrionária. O Projeto de Lei que altera e acrescenta dispositivos à Lei 8.884/1994 é fruto das dificuldades operacionais em face das indeterminações constantes na lei em vigor e da falta de estrutura. O momento, portanto, é de grandes mudanças.

4.4 Obrigação de não-concorrência no SBDC

A obrigação de não-concorrência, na forma disposta no art. 1.147 do Código Civil, decorre da transferência do estabelecimento empresarial, seja

[40] A SDE e a SEAE, a fim de conferir maior celeridade ao julgamento dos atos de concentração, editaram a Portaria conjunta 001, de 18 de fevereiro de 2003, que estabelece o procedimento sumário para análise dos atos de concentração – a Portaria conjunta 8, de 2 de fevereiro de 2004, acrescentou os incs. IX e X ao art. 6.º da Portaria 001.

a título definitivo ou temporário, ou seja, nos casos de alienação, arrendamento e usufruto, já tendo sido demonstrada, nesta pesquisa, a incidência dessa obrigação em outros negócios jurídicos, como o comodato e a cessão do controle das quotas ou ações.

Apesar da ausência de dispositivo expresso na Lei 8.884/1994, a cláusula de não-concorrência tem sido muito freqüente no âmbito de defesa da concorrência, em decorrência de atos de concentração e não apenas dos negócios jurídicos acima citados.

Por meio da cláusula de não-concorrência, o antigo titular se compromete a não exercer concorrência à empresa adquirente em atividades da mesma especialidade, durante determinado período de tempo e no mesmo campo de atuação da atividade transferida, representando uma forma de proteger a empresa objeto de ato de concentração, como se observa do voto parcialmente transcrito:

> [...] É necessário considerar também que a cláusula de não concorrência, reservando o mercado daquele que dele acabou de retirar-se e possui todo capital disponível para nele adentrar novamente, e mais fortalecido, é natural da venda do negócio, assegurando destarte ao comprador as condições necessárias para se restabelecer, recuperar o investimento e usufruir dos benefícios desta aquisição. Não sendo o objeto principal do negócio as cláusulas de não concorrência ou acordos não são entendidos como prejudiciais à concorrência, mas sim necessárias para a proteção dos legítimos interesses negociais dos beneficiários, por isso é que a cláusula deste ato não contraria as decisões reiteradas deste Conselho (BRASIL/CADE, 1999).

A obrigação de não-concorrência contida no art. 1.147 do Código Civil de 2002 é aplicada no SBDC por analogia, mas não como fundamento direto, pois, como esfera administrativa, cujo foco está voltado para o equilíbrio na estrutura concorrencial, não se aplica diretamente aos dispositivos do ordenamento civil.

O interesse protegido pelo direito da concorrência é o da coletividade, razão pela qual não há preocupação específica com o direito do empresário que adquiriu a empresa objeto do ato de concentração. Na realidade, a análise do SBDC não pode se concentrar apenas na relação contratual estipulada pelas partes e na obrigação do impedido em não desviar a clientela do estabelecimento, pois há de se destacar o seu objetivo, previsto no art. 1.º da Lei 8.884/1994, de preservar a concorrência e proteger o consumidor.

Sob o enfoque antitruste, a regra da não-concorrência adquire nova abordagem, sendo que sua admissibilidade pressupõe as seguintes condições: (I) acessoriedade; (II) regra da razão; e (III) limitação temporal, espacial e substantiva.

No tocante à primeira condição, a não-concorrência deve ser o objeto secundário do contrato, de forma a não configurar infração à ordem econômica, a exemplo do inc. IV do art. 21 da Lei 8.884/1994, que caracteriza, como ilícito, limitar ou impedir o acesso de novas empresas ao mercado. Na hipótese de a cláusula de não-concorrência não compor o objeto principal do negócio, não será entendida como prejudicial à concorrência, mas como proteção aos legítimos interesses negociais dos agentes econômicos.

O SBDC analisa se a cláusula de não-concorrência é auxiliar ao objeto principal da análise, sendo este o efeito do ato de concentração na estrutura concorrencial. Assim, não se analisa a cláusula per se, pois esta, sem dúvida, revelar-se-ia prejudicial ao princípio da livre concorrência.

Já o segundo pressuposto (regra da razão) implica na necessidade da existência de um interesse legítimo, dotado de razão econômica capaz de justificar a restrição à concorrência, ou seja, a imprescindibilidade da não-concorrência para viabilidade do ato praticado. A regra da razão é aplicada de forma que a cláusula de não-concorrência só será admissível se, de forma razoável, restringir a concorrência.

Assim, será examinada a razoabilidade da cláusula de não-concorrência, de maneira que a sua amplitude temporal, espacial e substantiva seja proporcional à proteção que a empresa adquirente precisa obter.[41]

[41] A exemplo da transcrição parcial do voto: "A cláusula de não-concorrência ancilar a atos de concentração é admissível quando limitada geograficamente e, no tempo, ao prazo necessário à consecução do propósito do beneficiário da restrição e à proteção do negócio principal. A análise do acordo ancilar de não-concorrência é determinada sob a regra da razão. Na ausência de disposição expressa na legislação vigente, é razoável a aceitação do prazo de 5 (cinco) anos para a vigência de cláusula de não concorrência, a exemplo do art. 2.557 do Código Civil Italiano. Ato de Concentração n. 109/96, de 23 de julho de 1997, Requerentes: Grupo Procter & Gamble e Bombril S.A." (FRANCESCHINI, 1998, p. 195).

O terceiro e último pressuposto coincide com os limites temporal, geográfico e substancial impostos à obrigação de não-concorrência analisados no capítulo 3 deste ensaio. A cláusula de não-concorrência não pode ser irrestrita no tempo, espaço e objeto, pois, caso contrário, significaria infração à livre concorrência e livre-iniciativa, e mais: representaria também prejuízos ao mercado concorrencial.[42]

O limite temporal admitido pelo SBDC tem sido o de cinco anos,[43] com base no disposto no Código Civil italiano de 1942 e, mais recentemente, no Código Civil de 2002. Tal prazo foi estipulado tendo sido considerado este número de anos suficiente para assegurar ao adquirente a mesma capa-

[42] A exemplo do seguinte parecer: "*Cláusula de não-concorrência – restrição no tempo e no espaço – produto destinado, em sua maior parte, a exportação – ausência de consumo local – empresa que não opera em condições exclusivas – não reconhecimento – ausência de regulação do mercado.* A cláusula de não-concorrência, quando delimitada no tempo e no espaço e imposta por empresa que não opera em condições de exclusividade no mercado, não implica dominação ou regulação deste [...]". Parecer da Procuradoria do CADE, de 25 de maio de 1984, do Procurador Flávio Collares Werneck, acolhido pelo Conselheiro-Relator, Wanor Pereira de Oliveira, no Processo 400001/83, Requerente: Fava Industrial de Alimentos Ltda. (FRANCESCHINI, 1996, p. 234).

[43] Ocorre que esse entendimento não era pacífico, existindo entendimento em sentido contrário: "Um outro aspecto que merece atenção trata da cláusula de não-concorrência presente na transação pela qual a alienante compromete-se a não retornar ao mercado de estireno por um período de 10 anos. A Procuradoria considerou a obrigação longa demais, sugerindo sua redução para um prazo de cinco anos, usual, segundo o parecer, nos contratos apreciados pelo CADE. Com a devida vênia, considero perigoso que o CADE venha a determinar um prazo padrão, para todos os setores da economia no caso de tais cláusulas, já reconhecidas pelo CADE como prática normal, não ofensiva à concorrência *per se*. Isso porque as condições de cada setor podem ser as mais diversas, e a imposição de cinco anos de quarentena para um ex-concorrente pode ser extensa demais em alguns casos e exígua demais noutros. Para indústrias com investimentos mais vultosos, planos estratégicos de longo prazo, maturação mais lenta e tradição de relações duradouras com fornecedores e clientes, como é o caso de indústrias do setor petroquímico, parece justificar-se o prazo mais dilatado da cláusula de não-concorrência. [...] Assim, do ponto de vista do direito antitruste, não vejo qualquer problema no prazo de 10 anos previsto na cláusula de não-concorrência nesta operação" (BRASIL/CADE, 1998).

cidade para obtenção de lucros, conservando todos os elementos e atributos que caracterizam e individualizam o estabelecimento empresarial.

Ocorre que no enfoque do SBDC, a preocupação consiste em limitar o prazo fixado à não-concorrência, de maneira a não prejudicar o mercado concorrencial, protegendo os legítimos interesses negociais da empresa adquirente ou dos seus sócios.[44]

A título ilustrativo, vale registrar o ato de concentração realizado entre o então Petipreço Supermercados Ltda. e o Bompreço Bahia S.A., pelo qual as partes pactuaram expressamente, no contrato, a seguinte clásula de não-concorrência:

> 9.1 A PETIPREÇO, a ATUAL e os FIADORES se obrigam pelo presente a não praticar, direta ou indiretamente, durante todo o período de vigência dos contratos de locação e de sub-locação dos IMÓVEIS, respeitado o prazo mínimo de 10 (dez) anos e salvo com a anuência prévia e expressa da BOMPREÇO, quaisquer atos que possam instaurar concorrência com as atividades da BOMPREÇO (supermercados e hipermercados), a qualquer título, em todas as áreas de atuação desta, assim entendidas, para fins do presente, a todos os Municípios que compõem os Estados do Nordeste do Brasil.[45]

[44] Ementa. Ato de Concentração. Aquisição em âmbito mundial da Yorkshire Américas Inc. pela Dystar Gmbh com reflexos no mercado brasileiro mediante o repasse do controle da à Dystar Ltda., subsidiária da Dystar KG, dos negócios da Yorkshire Química do Brasil Ltda, subsidiária da Yorkshire Américas Inc. [...] Cláusula de não-concorrência: delimitação temporal. [...] Aprovação, com ressalva quanto à cláusula de não-concorrência. Em seu parecer, a Secretaria de Direito Econômico do Ministério da Justiça – SDE/MJ, [...] ao verificar os termos do Contrato de Não Competitividade, Não Indução e Confidenciabilidade [...] pelo qual se estabeleceu uma cláusula de não-concorrência, *condicionou a aprovação do ato à alteração na delimitação temporal da referida cláusula (Cláusula 4), para um prazo não superior a 05 (cinco) anos, tendo em vista a inexistência de efeitos prejudiciais à concorrência fundamentando seu posicionamento nas disposições do artigo 1147 do Código Civil Brasileiro e nas decisões jurisprudenciais do CADE.* [...] No que se refere à cláusula de não-concorrência, adoto o entendimento manifestado nas doutas considerações da SDE/MJ, ProCADE e pelo MPF que tem sido acolhido por este Conselho, para restringi-la, quanto à delimitação temporal para um prazo não superior a 05 (cinco) anos" [grifos nossos] (BRASIL/CADE, 2004).

[45] Instrumento Particular de Permuta e Outras Avenças, celebrado em 31 de maio de 1999.

A SEAE emitiu, em 25 de julho de 2002, o seu parecer[46-47] aprovando, com restrições, a aquisição da empresa Petipreço pela Bompreço, sugerindo que, na claúsula acima transcrita, o prazo de não-concorrência fosse reduzido de dez para cinco anos, sob o argumento de que o prazo de dez anos estava em desacordo com a prática usual do mercado e com o entendimento anterior do CADE, resultando em excessivo obstáculo ao possível retorno da empresa Petipreço ao mercado.

Posteriormente, em 23 de outubro de 2002, as empresas acima firmaram um aditivo contratual[48] no qual a Petipreço se comprometeu a não exercer atividades varejistas em estabelecimentos com distância inferior a 2 mil metros de raio de qualquer loja Bompreço já existente, pelo prazo de cinco anos, contados a partir da assinatura do contrato datado de 31 de maio de 1999, sendo absolutamente livre para fazê-lo além dessa distância, em qualquer cidade ou estado do Brasil.[49]

No tocante ao exame do limite geográfico, verifica-se que este, também, extrapola a repercussão na relação entre transmitente e transmitido, para alcançar a análise do complexo concorrencial, investigando qual a área de limitação para a cláusula proibitiva da concorrência que não abalará as relações concorrenciais.

Caso o limite geográfico pactuado seja superior ao real mercado de projeção do estabelecimento, o SBDC poderá restringi-lo, para que a interdição coincida, nos mesmos termos da esfera de ação do estabelecimento objeto do ato de concentração.

É muito comum que o mercado relevante coincida com o limite geográfico, vez que este deve ser limitado ao território ao qual o agente

[46] Parecer 258, emitido pelo Secretário de Acompanhamento Econômico, Cláudio Monteiro Considera, Ato de Concentração 08012.005104/99-51.

[47] Cumpre registrar que o parecer técnico da SEAE destina-se à instrução do processo constituído de acordo com a Lei 8.884/1994, não possuindo caráter decisório ou vinculante, mas subsidiário ao entendimento do CADE.

[48] Aditivo ao Instrumento Particular de Permuta e outras Avenças.

[49] O ato de concentração em tela foi julgado pelo CADE em 2 de junho de 2004, em cuja decisão acolheu o termo aditivo, considerando legítima a cláusula de não-concorrência avençada pelas requerentes, seguindo o mesmo entendimento do referido Conselho, no tocante à delimitação temporal e espacial. Continua sob análise do CADE, desta vez aguardando julgamento de recurso interposto pelo Bompreço.

econômico transmitente atua, ou seja, na área em que tenha introduzido os produtos ou serviços objeto do ato de concentração.

Como exemplo, pode-se citar o Ato de Concentração 08012.006976/2001-58, consistente na aquisição pela BR Participações e Empreendimentos S.A. (BRPAR), de todos os ativos operacionais, estoques e direitos creditórios da empresa G. Barbosa por meio do "Instrumento Particular de Cessão de Bens e Direitos e Outras Avenças", celebrado entre as partes em 21 de dezembro de 2001.

A SEAE sugeriu que, na Cláusula XX, denominada "Não-Concorrência", do Contrato acima citado, a exigência imposta à empresa G. Barbosa "[...] de não exercer concorrência à empresa adquirente se limite tão-somente aos mercados geográficos em que houve concentração, ou seja, Salvador (bairros definidos no mercado 1), Feira de Santana e Aracaju [...]", não alcançando, portanto, toda a Região Nordeste, como constava no contrato celebrado" (REVISTA, 2003, p. 308).

O limite substancial quase não é citado na análise dos atos de concentração, mas a sua existência é acolhida. Este limite coincide com o referente à obrigação de não-concorrência decorrente do ordenamento civil, vez que esta não incidirá sobre qualquer atividade, mas apenas a idêntica ou semelhante especialidade da atividade empresarial, praticada pelo estabelecimento transferido. O agente econômico não pode sofrer restrições excessivas que poderão provocar interferência negativa na concorrência.

O parecer da SDE, posteriormente confirmado pelo CADE,[50] na análise do ato de concentração (acima citado) referente à aquisição da rede de lojas G. Barbosa pela empresa Bompreço, entendeu que não se justificava a cláusula de não-concorrência para o segmento de farmácias, na forma abaixo:

> Cabe observar, ainda, que a referida cláusula de não-concorrência também faz menção ao comércio varejista de farmácias. Entretanto, somente a empresa Bompreço atua no comércio varejista

[50] O CADE, por unanimidade, aprovou a operação com restrições, nos termos do voto do Relator, Conselheiro Cleveland Prates Teixeira, que determinou a restrição da concorrência apenas no mercado varejista de supermercados e hipermercados, excluindo o ramo de farmácias, vez que o mercado relevante afetado pela operação é unicamente o primeiro (supermercados e hipermercados) e a este deve restringir a cláusula de não-concorrência (REVISTA, 2003, p. 304-305).

de farmácias. Desse modo, não se justifica que seja estabelecida uma cláusula de não concorrência às empresas G. Barbosa e Serigy para um segmento do comércio varejista no qual estas não atuam. Assim, sugere-se que a mesma deva limitar-se somente ao mercado relevante do produto da operação ora em tela, ou seja, ao segmento de supermercados e hipermercados do comércio varejista (BRASIL/SDE, 2001).

4.4.1 Obrigação de não-concorrência: hipótese do Código Civil de 2002 sob análise do SBDC

O SBDC, ao analisar os atos de concentração, também examinava a cláusula de não-concorrência, se esta fizesse parte dos instrumentos contratuais, ou seja, se a não-concorrência não fosse pactuada pelos agentes econômicos, não seria apreciada pelos orgãos antitruste. Mas, após a vigência do Código Civil de 2002, surgiu a obrigação de não-concorrência derivada da lei, independentemente da vontade das partes.

Assim, como o SBDC deve proceder se a prática em análise envolver as hipóteses previstas no art. 1.147 do Código Civil? Ou seja, como enfrentar a obrigação de não-concorrência derivada da Lei?

Não pode o sistema antitruste ignorar que mesmo a regra de não-concorrência decorrente dos negócios jurídicos previstos no art. 1.147 poderá repercutir no mercado concorrencial, requerendo análise do SBDC, caso preencha os requisitos necessários, por exemplo atingir 20% do mercado relevante.

Destarte, uma vez existente a obrigação de não-concorrência – não pactuada pelas partes mas derivada de lei –, a análise do sistema antitruste será válida no tocante à fixação dos limites espacial, substancial[51] e temporal, não cabendo, em princípio, a desconstituição da obrigação, pois esta decorre de lei.

Poderá o SBDC fixar ou alterar a extensão do limite geográfico e substancial, até mesmo temporal, sendo que neste último caso deve-se observar o prazo máximo de cinco anos, prazo, inclusive, que já vinha sendo admitido pelo SBDC na maioria de suas decisões?

[51] Os limites substancial e geográfico não estão expressos no art. 1.147 do CC/2002, mas, como já defendido neste ensaio – item 3.8, cap.3 –, decorrem implicitamente da expressão "fazer concorrência".

Ocorre que nos casos de arrendamento e usufruto existe uma inadequação legislativa, na medida em que o parágrafo único do art. 1.147 do CC/2002 remete o prazo da obrigação de não-concorrência à duração do contrato, podendo existir contrato com período excessivamente longo, o que, além de macular os princípios constitucionas da livre concorrência, da livre-iniciativa e da proporcionalidade (ver item 3.8.3 desta pesquisa),[52] sob o enfoque antitruste, poderá prejudicar também o mercado concorrencial e, por conseqüência, o consumidor, assunto que será analisado no próximo item.

4.4.2 Obrigação de não-concorrência prejudicial ao interesse coletivo

Uma das maiores dificuldades de um Estado Democrático de Direito é conciliar os interesses individuais com os coletivos. A boa média nesse exercício é que propiciará o desenvolvimento (POPP e ABDALA, 1997, p. 24). O conflito entre o interesse da coletividade e o do particular poderá ocorrer quando da análise da obrigação de não-concorrência pelo SBDC.

Por exemplo, caso um contrato de arrendamento com duração de trinta anos[53] se enquadre na análise do SBDC e este constate que a obrigação de não-concorrência com prazo tão extenso acarretará prejuízos ao complexo concorrencial, este deverá rever o prazo, de forma a não prejudicar a coletividade. Isto porque o interesse público deve prevalecer sobre os interesses dos contratantes (particulares).[54]

O SBDC não pode admitir uma obrigação que protege os interesses materiais de agentes econômicos privados em detrimento do interesse

[52] Pode ocorrer, também, de a jurisprudência dominante nos Tribunais Pátrios interpretar que, nas hipóteses de usufruto e arrendamento, o limite temporal durará o prazo do contrato, exceto quando a duração deste for superior a cinco anos, hipótese em que terá prazo máximo de cinco anos. Nesta hipótese, o disposto no parágrafo único do art. 1.147 entraria em desuso, perdendo a sua eficácia. Sobre eficácia da norma, ver: DINIZ, 2001, p. 48-52.

[53] Hipótese legalmente autorizada pelo parágrafo único do art. 1.147 do CC/2002, embora esta pesquisa defenda a revisão do referido dispositivo, a fim de estabelecer o limite máximo de 5 (cinco) anos, conforme o item 3.8.2, cap. 3.

[54] Da mesma forma, no âmbito antitruste, o interesse público capaz de ultrapassar dispositivo constante no CC/2002 também o fará quando a regra da não-concorrência derivar do princípio da boa-fé e/ou vontade das partes contratantes.

coletivo, pois, no conflito entre a proteção dos interesses individuais e a proteção ao complexo concorrencial, deve prevalecer a tutela do interesse público.[55]

Destarte, em determinados casos o interesse coletivo deverá se sobrepor à obrigação de não-concorrência. Nessas hipóteses, o transmitido (novo titular) poderá exigir do transmitente a devolução do valor pago ou a suspensão do valor a ser pago, a título de aviamento, sob pena de enriquecimento sem causa por parte do transmitente.

Neste passo, vale transcrever os ensinamentos de Queiroz (2000, p. 143):

> [...] o alienante não poderá exigir do adquirente o sobre-valor que valoriza o estabelecimento, representado no preço de venda do complexo aziendal como contrapartida pela abstenção da concorrência [...]. A razão é bastante intuitiva: se a abstenção de concorrência do alienante é a contrapartida do plus-valor do estabelecimento alienado, quando essa obrigação de não-fazer não puder, por motivos de ordem pública, ser imposta ao alienante, tão pouco poderá ser refletida no valor do estabelecimento, sob pena de enriquecimento sem causa deste (QUEIROZ, 2000, p. 143).

4.4.2.1 Empresa estreante: relevância do conceito

Na análise do SBDC é muito importante se a empresa adquirente é ou não estreante no ramo e no local da atividade empresarial objeto do negócio jurídico, sendo que este aspecto é fundamental para impedir o monopólio e o abuso do poder econômico.

Isto porque, se a empresa adquirente é estreante, não ocorrerá alteração no mercado concorrencial: determinada empresa mudará apenas de "mãos"; mas se, caso contrário, a empresa já atuava no mercado objeto do negócio jurídico, alterará o grau de concentração existente no mercado econômico.

[55] Neste sentido: Queiroz (2000, p. 143): "Haverá hipóteses a serem perscrutadas caso a caso, em que o interesse público deverá ser privilegiado, vetando a incidência da regra que limita a liberdade de iniciativa econômica do alienante do estabelecimento empresarial. Por isso, para que a vedação da concorrência do alienante do estabelecimento empresarial seja válida, deverá ser precedida de uma análise do impacto que essa obrigação de não-concorrência causará no mercado relevante em questão".

Nesse aspecto, se o agente econômico adquirente tiver mais poder econômico, capacitação técnica e experiência do que o transmitente, este poderia se restabelecer?

No enfoque antitruste, às vezes permitir a proibição do restabelecimento do transmitente – ainda mais se o novo titular já detém grande parcela do mercado consumidor – que não poderá voltar a desenvolver as mesmas atividades, a não ser que haja autorização expressa, pode ser prejudicial ao consumidor e pode se revelar, até mesmo, um abuso do poder econômico do adquirente, bem como o domínio no mercado consumidor, carecedor de argumento para justificar a sua imposição ao transmitido. Neste caso, o interesse público deve prevalecer, nem que para isso seja necessário desconstituir a interdição da concorrência.

Do ponto de vista do direito civil, a obrigação de não-concorrência deverá existir, independentemente da condição de estreante do adquirente, pois, ainda que este último possua maior capacidade econômica do que o transmitente, a clientela do estabelecimento objeto do negócio jurídico foi conquistada pela habilidade técnica e/ou pessoal do transmitido (antigo titular) do estabelecimento. O que se busca é proteger o adquirente do desvio da clientela decorrente do restabelecimento do transmitente; não se analisa a repercussão na estrutura concorrencial.

Capítulo 5

CONCLUSÃO

O atual Código Civil inovou ao inserir um capítulo sobre o estabelecimento, definindo-o, em seu art. 1.142, como o complexo de bens reunidos para a prática de uma atividade econômica organizada, titularizada pelo empresário ou por uma sociedade empresária. Assim, o CC/2002 eliminou a divisão entre empresário civil e empresário comercial, substituindo a denominação estabelecimento comercial por estabelecimento empresarial.

O estabelecimento empresarial possui regime jurídico próprio, diferente dos que regulam os seus elementos e, na condição de universalidade de fato, é objeto de direito, podendo figurar em diversos negócios jurídicos, como previsto no art. 1.143 do CC/2002.

Na composição do estabelecimento empresarial, o aviamento e a clientela se destacam, pois ambos representam a sua lucratividade, embora não possam ser objetos autônomos de direito. O aviamento, porque é um atributo do estabelecimento, e a clientela, porque não pertence ao estabelecimento, não constando no rol do seu patrimônio. O aviamento e o direito à clientela são tutelados por meio da obrigação de não concorrer imposta ao transmitente do estabelecimento.

A obrigação de não-concorrência tem como objetivo impedir a disputa da clientela, entre o antigo e o novo titular do estabelecimento, pois, na transferência do estabelecimento empresarial, está o direito em desfrutar da clientela conquistada pelo transmitente.

A obrigação de não-concorrência foi, pela primeira vez, regulada no Brasil, por meio do art. 1.147 do CC/2002, que estabeleceu a interdição da concorrência decorrente de alienação, usufruto e arrendamento. Mesmo antes desse dispositivo, a regra do não-restabelecimento já vinha sendo admitida pela jurisprudência e doutrina.

Existiam muitas teorias para justificar a obrigação de não-concorrência, sendo que dentre elas se destaca, até os dias atuais, o princípio da boa-fé objetiva. Isto porque este princípio passou a ser aplicado no reconhecimento dos deveres laterais, como o dever de garantia, instaurando a pós-eficácia das obrigações.

Da análise da ordem constitucional verifica-se que a obrigação em tela é plenamente válida e eficaz, desde que observados os limites temporal, substancial e geográfico, na medida em que não infringe os princípios da livre-iniciativa e da livre concorrência mas, ao contrário, os garante.

A interdição da concorrência não se confunde com a concorrência desleal, representando institutos jurídicos distintos, visto que, nesta última, o desvio da clientela se dá por meios ilícitos, enquanto na regra da não-concorrência, o antigo titular do estabelecimento fica impedido de concorrer com o novo, restando, portanto, proibida qualquer tipo de concorrência, e não apenas a desleal.

Para o sujeito passivo, tal obrigação é pessoal e intransmissível, sendo que o impedido não a transfere a seus herdeiros, filhos, cônjuge ou demais parentes e a contrai até que seja expirado o prazo legal ou convencional. Já no tocante ao sujeito ativo, a obrigação de não-concorrência será transmissível, acompanhando aquele que adquire o estabelecimento, pois a sua função é proteger o estabelecimento empresarial.

Nesta pesquisa, restou demonstrada a incidência da obrigação de não-concorrência toda vez que ocorrer a transferência do estabelecimento empresarial, tanto a que envolva apenas o uso e gozo a outrem, como a que tenha por destinação a transferência de titularidade da esfera patrimonial de um sujeito para a de outro.

Assim, a regra da não-concorrência não se limita às hipóteses previstas no art. 1.147 (alienação, arrendamento e usufruto), mas existirá sempre que o estabelecimento for objeto de negócio jurídico que resulte na alteração do seu comando e administração, incluindo, ainda, os negócios de cessão do controle de quotas ou ações, se o cedente exercia, efetivamente, as funções de empresário, na empresa cujo controle cedeu.

O princípio da proporcionalidade, enquanto critério hermenêutico, deverá ser aplicado, a fim de garantir que a restrição ao transmitente não seja excessiva, mas na medida exata da proteção ao estabelecimento empresarial. Para a validade da obrigação de não-concorrência, devem existir três limites, de forma cumulativa, quais sejam: temporal, geográfico e substancial.

Na construção do limite geográfico é necessário observar as seguintes diretivas: (I) observância do princípio da proporcionalidade; (II) análise do tipo dos produtos ou serviços do estabelecimento; (III) capacidade de produção do produto ou serviço do estabelecimento; (IV) conceito de cliente ativo; (V) volume de compras do cliente x quantidade. Estas diretivas devem ser aplicados ao caso concreto, como forma de adequar a extensão geográfica da obrigação de não-concorrência aos princípios constitucionais da livre concorrência, da livre-iniciativa e da proporcionalidade.

No tocante ao limite substancial, somente será utilizado o critério da análise do tipo de produto ou serviço, pois o transmitente ficará obrigado a não exercer atividade empresarial que envolva similares ou iguais produtos ou serviços do estabelecimento objeto do negócio jurídico.

Já o limite temporal será de cinco anos, no caso de alienação, e enquanto durar o contrato, nas hipóteses de arrendamento e usufruto, como preceitua o art. 1.147 do CC/2002.

Este ensaio criticou a opção do legislador pela extensão da regra de não-concorrência até o término do contrato de arrendamento e usufruto, defendendo que o mais razoável seria estabelecer o limite temporal máximo de cinco anos. Ou seja, o prazo do contrato só prevalecerá quando a sua duração for inferior a cinco anos. Portanto, é necessária uma revisão do texto legal para alterar o parágrafo único do art. 1.147 do atual Código Civil.

No direito da concorrência, além dos limites acima apontados, a obrigação de não-concorrência pressupõe caráter acessório e aplicação da regra da razão. A obrigação de não-concorrência, na forma expressa pelo art. 1.147 do CC/2002, pode ser aplicada pelo SBDC apenas como referência, pois o foco desse Sistema está voltado para a defesa da concorrência, sendo o seu objetivo a preservação da concorrência e a proteção ao consumidor.

Por outro lado, ao deparar com a obrigação de não-concorrência derivada de lei (alienação, arrendamento e usufruto), O SBDC poderá rever e fixar a extensão dos limites espacial, substancial e, até mesmo, temporal, não cabendo a desconstituição da obrigação como um todo, já que esta decorre de lei.

Diante do exposto, esta pesquisa conduz às seguintes recomendações: (I) a fixação dos limites temporal, geográfico e substancial na aplicação da obrigação de não-concorrência pelas próprias partes quando da elaboração do contrato e, na sua ausência, pelo Poder Judiciário ou órgãos antitruste; (II) observância das diretrizes expostas neste ensaio para fixação dos limites temporal, geográfico e substancial; (III) revisão legislativa do parágrafo único do art. 1.147 do CC/2002, para que seja estipulado o limite temporal máximo de cinco anos.

REFERÊNCIAS BIBLIOGRÁFICAS

ABREU, Jorge Manuel Coutinho de. *Da empresarialidade:* as empresas no direito. Coimbra: Almedina, 1999.

ALMEIDA, Mendes de; CANHA, Amândio. *Negociação e reivindicação do estabelecimento comercial.* Coimbra: Almedina, 1993.

ALVES, Jones Figueirêdo; DELGADO, Mário Luiz. *Novo Código Civil confrontado com o Código Civil de 1916.* São Paulo: Método, 2002.

ANDRADE, Darcy Bessone de Oliveira. *Do direito comerciante à renovação do arrendamento.* Belo Horizonte: Imprensa Oficial de Minas Gerais, 1940.

ANDRADE, Maria Cecília. *Controle de concentrações de empresas:* estudo da experiência comunitária e a aplicação do artigo 54 da Lei n. 8.884/94. São Paulo: Singular, 2002.

ASCENSÃO, José de Oliveira. Estabelecimento comercial: confronto com o estabelecimento individual de responsabilidade limitada. *Revista da Faculdade de Direito da Universidade Federal de Juiz de Fora*, n. 16, p. 75-90, set. 1987.

BARBOSA, Rui. As cessões de clientela e a interdição de concorrência nas alienações de estabelecimentos comerciais e industriais. In: BARBOSA, Rui. *Obras completas.* Rio de Janeiro: Ministério da Educação e Saúde, 1948. v. XL, t. 1.

BARRETO FILHO, Oscar. *Teoria do estabelecimento comercial:* fundo de comércio ou fazenda mercantil. 2. ed. São Paulo: Saraiva, 1969. v. 1-3.

BARROSO, Luís Roberto. *Interpretação e aplicação da Constituição.* São Paulo: Saraiva, 1996.

BILLI, Marcelo. Vendas *on-line* aumentam 42% no Natal. *Folha de S. Paulo,* São Paulo, 25 dez. 2004. Folha Dinheiro, p. B4.

BITTAR, Carlos Alberto. *Direito das obrigaçoes.* 2 ed. rev., atual. e ampl. de acordo com o novo Código Civil por Carlos Alberto Bittar Filho. Rio de Janeiro: Forense Universitária, 2004.

______. *Direito dos contratos e dos atos unilaterais.* 2. ed. rev., atual. e ampl. de acordo com o novo Código Civil por Carlos Alberto Bittar Filho. Rio de Janeiro: Forense Universitária, 2004.

BONAVIDES, Paulo. *Curso de direito constitucional.* 13. ed. São Paulo: Malheiros, 2003.

BRASIL. Câmara dos Deputados. *Projeto de Lei n. 634/1975*, de 11 de junho de 1975. Código civil Transformado na Lei 10.406/02, em 10 de janeiro de 2002. Disponível em: <http://www2.camara.gov.br/ proposicoes>. Acesso em: 4 mar. 2005.

______. Câmara dos Deputados. *Projeto de Lei n. 4.096/2002*, de 21 de junho de 2001. Dispõe sobre o comércio eletrônico. Disponível em: <http://www2.camara.gov.br/ proposicoes>. Acesso em: 4 mar. 2005. Proposição Sujeita à Apreciação do Plenário.

______. Câmara dos Deputados. *Projeto de Lei n. 7.093/2002*, de 6 de agosto de 2002a. Dispõe sobre a correspondência eletrônica comercial, e dá outras providências. Apensado ao PL 4906/2001. Disponível em: <http://www2.camara.gov.br/proposicoes>. Acesso em: 4 mar. 2005. Proposição Sujeita à Apreciação do Plenário.

______. Câmara dos Deputados. *Projeto de Lei n. 7.160/2002*, de 6 de agosto de 2002b. Dá nova redação aos artigos 45, 50, 53, 55, 57, 62, 206, 208, 853, 966, 968, 997, 999, 1000, 1002, 1003, 1004, 1007, 1010, 1013, 1017, 1019, 1020, 1022, 1023, 1024, 1025, 1026, 1030, 1039, 1040, 1041, 1043, 1044, 1045, 1053, 1055, 1061, 1062, 1063, 1065, 1066, 1067, 1068, 1069, 1071, 1072, 1073, 1074, 1075, 1076, 1077, 1078, 1080, 1081, 1082, 1083, 1084, 1085, 1087, 1094, 1095, 1097, 1099, 1101, 1102, 1103, 1108, 1109, 1110, 1117, 1122, 1125, 1126, 1127, 1134, 1144, 1145, 1146, 1147, 1148, 1149, 1150, 1151, 1152, 1153, 1161 e 1165 da Lei n. 10.406, de 10 de janeiro de 2002, que "Institui o Código Civil", acrescenta dispositivos e dá outras providências. Apensados: PL´s n. 7.466, de 2002, e 970, de 2003. Autor: deputado Ricardo Fiuza. Relator: Deputado Vicente Arruda. Disponível em: <http://www2.camara.gov.br/proposicoes>. Acesso em: 4 mar. 2005.

______. *Código comercial*. Lei n. 556, de 25 de junho de 1850. Disponível em: <http://www.presidencia.gov.br/ccivil_03/Projetos/Quadros/principal 2003.htm>. Acesso em: 12 out. 2004.

______. Conselho Administrativo de Defesa Econômica. *Ato de Concentração n. 08012.005104/99-51*, 1999b. Disponível em: <www.cade.gov.br/ASPintranet/temp/ 205977099_radD9C96.pdf>. Acesso em: 16 jan. 2005.

______. Conselho Administrativo de Defesa Econômica. *Ato de Concentração n. 08012.002191/2002*, de 4 de setembro de 2002a. Aquisição de Controle integral do negócio de entreterimento da USAi, Incluindo a USA Cable, USA Films e Studios USA. Disponível em: <www.cade.gov.br/Votos/Fernando/voto002191-2002.pdf>. Acesso em: 15 nov. 2004.

______. Conselho Administrativo de Defesa Econômica. *Voto do Conselheiro-Relator Marcelo Calliari*, em 24 de junho de 1998c. Ato de Concentração n. 177/97. 1998. Disponível em: <www.cade.gov.br/jur_a177.htm>. Acesso em: 15 nov. 2004.

______. Conselho Administrativo de Defesa Econômica. *Voto vogal do Conselheiro do CADE Ruy SantaCruz*, proferido em 7 de abril de 1999. Ato de Concentração n. 134/97; Requerentes: American Home Products e Solvay S/A, 1999a. Disponível em: <www.cade.gov.br/votos/ruyafonso/voto000134-1997.pdf>. Acesso em: 15 nov. 2004.

______. Conselho Administrativo de Defesa Econômica. *Voto do Conselheiro-Relator Mércio Felsky*, em 24 de fevereiro de 1999. Ato de Concentração n. 0812.001531/98-89. Requerentes: Ticket Serviços S/A e EAT-Empresa de Alimentação do Trabalhador. 1999c. Disponível em: <www.cade.gov.br>. Acesso em: 15 nov. 2004

______. Conselho Administrativo de Defesa Econômica. *Voto vista do Conselheiro Fernando de Oliveira Marques*, em 23 de outubro de 2002. Ato de concentração n. 08012.002194/2001-40. Requerentes: Pietro Ariboni, Hélio Fabbri Junior e outros. 2002b. Disponível em: <www.cade.gov.br/votos/Fernando/votv002194-2001.pdf>. Acesso em: 14 jan. 2005.

______. Conselho Administrativo de Defesa Econômica. *Voto do Conselheiro Cleveland Prates*. Ato de concentração n. 08012000566/2002-84. L-3 Communications Corp. e Raytheon Comp, 2002c. Disponível em: <www.cade.gov.br/votos/Fernando/votv002194-2001.pdf>. Acesso em: 14 jan. 2005.

______. Conselho Administrativo de Defesa Econômica. *Voto do Conselheiro Relator Luiz Alberto Esteves Scaloppe*, em 29 de setembro de 2004. Ato de Concentração n. 08012.009823/2003-24. 2004. Disponível em: <www.cade.gov.br/Votos/ VotoScaloppe/voto009823-2003.pdf>. Acesso em: 4 mar. 2005.

______. *Constituição da República dos Estados Unidos do Brasil*, de 16 de julho de 1934a. Disponível em: <http://www.presidencia.gov.br/ccivil_03/Projetos/Quadros/ principal2003.htm>. Acesso em: 20 out. 2004.

______. *Constituição dos Estados Unidos do Brasil*, de 10 de novembro de 1937. Disponível em: <http://www.presidencia.gov.br/ccivil_03/Projetos/Quadros/ principal2003.htm>. Acesso em: 10 out. 2004.

______. *Constituição dos Estados Unidos do Brasil*, de 18 de setembro de 1946. Disponível em: <http://www.planalto.gov.br/ccivil_03/constituicao/constituiçao 46.htm>. Acesso em: 10 out. 2004.

______. *Decreto n. 3.708*, de 10 de janeiro de 1919. Regula a constituição de sociedades por quotas de responsabilidade limitada. Publicado no *DOU* de 15 jan. 1919. Disponível em: <http://www.presidencia.gov.br/ccivil_03/Projetos/Quadros/ principal2003.htm>. Acesso em: 15 out. 2004.

______. *Decreto n. 24.150, de 20 de abril de 1934b*. Disponível em: <http://www.presidencia.gov.br/ccivil_03/Projetos/Quadros/principal 2003.htm>. Acesso em: 13 out. 2004.

______. *Lei n. 4.137*, de 10 de setembro de 1962. Regula a repressão ao abuso do Poder Econômico. Revogada expressamente pelo artigo 92 da Lei n. 8.884, de 1994. Disponível em: <http://www.cade.gov.br/legislacao/leis.asp>. Acesso em: 15 out. 2004.

______. *Lei n. 8.158, de 8 de janeiro de 1991*. Institui normas para a defesa da concorrência e dá outras providências. Publicada no *DOU* de 9 jan. 1991a.

Disponível em: <http://www.presidencia.gov.br/ccivil_03/Projetos/ Quadros/ principal2003.htm>. Acesso em: 10 out. 2004.

______. *Lei n. 8.245*, de 18 de outubro de 1991. Dispõe sobre as locações dos imóveis urbanos e os procedimentos a elas pertinentes. Publicada no *DOU* de 21 out. 1991b. Disponível em: <http://www.presidencia.gov.br/ccivil_03/Projetos/ Quadros/principal2003.htm>. Acesso em: 10 out. 2004.

______. *Lei n. 8.884*, de 11 de junho de 1994. Transforma o Conselho Administrativo de Defesa Econômica (CADE) em Autarquia, dispõe sobre a prevenção e a repressão às infrações contra a ordem econômica e dá outras providências. Publicada no *DOU* de 13 jun. 1994a. Disponível em: <http://www.presidencia.gov.br/ccivil_03/Projetos/Quadros/principal2003.htm>. Acesso em: 9 maio 2004.

______. *Lei n. 9.279*, de 14 de maio de 1996. Regula direitos e obrigações relativos à propriedade industrial. Publicada no *DOU* de 15 maio 1996. Disponível em: <http://www.planalto.gov.br/ccivil_03/Leis/L9279.htm). Acesso em: 7 out. 2004.

______. *Lei n. 9.781*, de 19 de janeiro de 1999. Institui a Taxa Processual sobre os processos de competência do Conselho Administrativo de Defesa Econômica – CADE, e dá outras providências. Publicada no *DOU* de 20 jan. 1999. Disponível em: <http://www.presidencia.gov.br/ccivil_03/Projetos/ Quadros/principal2003.htm>. Acesso em: 16 nov. 2004.

______. Secretaria de Acompanhamento Econômico do Ministério da Fazenda. *Parecer 258*, emitido pelo Secretário de Acompanhamento Econômico Cláudio Monteiro Considera, em 10 de janeiro de 2003. Ato de Concentração 08012.005104/99-51. Disponível em: <www.cade.gov.br/ASPintranet/ temp/205977099_ radD9C96.pdf>. Acesso em: 16 jan. 2005.

______. Secretaria de Desenvolvimento Econômico. Parecer. *Ato de concentração n. 08012.006976/2001-58*. Requerentes: BR Participações e Empreendimentos S.A., G. Barbosa & Cia Ltda, Serigy Participações e Empreendimentos Ltda. 2001.

BULGARELLI, Waldírio. *Concentração de empresas e direito antitruste*. 3. ed. São Paulo: Atlas, 1997

______. *Sociedades comerciais: sociedades civis: sociedades cooperativas: empresas: estabelecimento comercial*. 9. ed. São Paulo: Atlas, 2000.

BULOS, Uadi Lammêgo. *Constituição Federal anotada*. 2. ed. São Paulo: Saraiva, 2001.

BUONOCORE, Vincenzo. La concorrenza. In: BESSONE, Mario (Org.). *Istituzioni di diritto privato*. 2. ed. Torino: Giappichelli, 1995. cap. LXXX, p. 1003-1005.

CAHALI, Yussef Said (Org.). *Constituição Federal, Código Civil, Código de Processo Civil*. São Paulo: RT, 1999.

CAMPINHO, Sérgio. *O direito de empresa à luz do novo Código Civil.* 4. ed. Rio de Janeiro: Renovar, 2004.

CANOTILHO, José Joaquim Gomes. *Direito constitucional e teoria da Constituição.* 6. ed. Coimbra: Almedina, 2002.

CARVALHO, Orlando de. *Critério e estrutura do estabelecimento comercial.* Coimbra: Atlântida, 1967.

CARVALHOSA, Modesto. Parte especial: do direito de empresa (artigos 1.052 a 1.195). In: AZEVEDO, Antônio Junqueira de (Coord.). *Comentários ao Código Civil.* São Paulo: Saraiva, 2003. v. 13.

CIAN, Giorgio; TRABUCCHI, Alberto (Coord.). *Commentario breve al codice civile.* 4. ed. [Padova]: Cedam, 1992. Dell'azienda: disposizioni generali: artigo 2556-2557. p. 2126-2128.

CLÉVE, Clèmerson Merlin; FREIRE, Alexandre Reis Siqueira. Algumas notas sobre colisão de direitos fundamentais. In: GRAU, Eros Roberto; CUNHA, Sérgio Sérvulo da (Org.). *Estudos de direito constitucional em homenagem a José Afonso da Silva.* São Paulo: Malheiros, 2003. p. 231-243.

COELHO, Fábio Ulhoa. *Código Comercial e legislação complementar anotados.* 6. ed. rev. e atual. de acordo com o novo Código Civil. São Paulo: Saraiva, 2003a.

________. *Curso de direito comercial.* 6. ed. São Paulo: Saraiva, 2002a. v. 1.

________. *Curso de direito comercial.* 6. ed. São Paulo: Saraiva, 2002b. v. 3.

________. *Manual de direito comercial.* 14. ed. São Paulo: Saraiva, 2003b.

COMPARATO, Fábio Konder. *Ensaios e pareceres de direito empresarial.* Rio de Janeiro: Forense, 1978.

CORDEIRO, António Menezes. *Manual de direito comercial.* Coimbra: Almedina, 2001. v. 1.

CORREIA, A. Ferrer. *Lições de direito comercial.* Lisboa: Lex Edições Jurídicas, 1994. reprint.

COSTA, Maurício de Moura. O princípio constitucional de livre concorrência. *Revista do IBRAC*, São Paulo, v. 5, n. 1, 1998. Doutrina, jurisprudência e legislação.

CUNHA JÚNIOR, Eurípedes Brito. Advocacia e informatização do processo judicial: novos desafios para as sociedades de advogados e para a OAB em face da iminente informatização do processo judicial. *Jus navigandi,* Teresina, ano 7, n. 66, jun. 2003. Disponível em: <http://www1.jus.com.br/doutrina/texto.asp?id=4104>. Acesso em: 10 fev. 2005.

DINIZ, Maria Helena. *Código civil anotado:* novo Código Civil. 8. ed. São Paulo: Saraiva, 2002.

________. *Lei de introdução ao Código Civil brasileiro interpretada.* 7. ed. São Paulo: Saraiva, 2001.

DISEGNI, Giulio. *Cedi le quote? Divieto di concorrenza!* Disponível em: <www.consrag.it/summa/articolo.asp?id=104>. Acesso em: 14 fev. 2005.

DUTRA, Pedro. A concentração do poder econômico: aspectos jurídicos do artigo 54, da Lei 8.884/94. *Revista do IBRAC*, São Paulo, v. 3, n. 8, ago. 1996. Caderno de doutrina.

________. A concentração do poder econômico e a função preventiva do CADE. *Revista do IBRAC*, São Paulo: v. 4, n. 1, jan. 1997. Doutrina, jurisprudência e legislação.

________. *A concentração do poder econômico*: jurisprudência anotada. Rio de Janeiro: Renovar, 1999a. v 1.

________. *A concentração do poder econômico*: jurisprudência anotada. Rio de Janeiro: Renovar, 1999b. v. 2.

DUVAL, Hermano. *Concorrência desleal*. São Paulo: Saraiva, 1976.

FARIA, Luiz Alberto Gurgel de. *O restabelecimento do alienante após a transferência do estabelecimento*. Disponível em: <http://www.jfrn.gov.br/docs/ doutrina49.doc>. Acesso em: 24 jul. 2004.

FARINA, Laércio. Do processo administrativo da natureza do ato. *Revista do IBRAC*, São Paulo, v. 3, n. 6, p. 104-108, jun. 1996. Caderno de doutrina.

FAZZIO JÚNIOR, Waldo. *Fundamentos de direito comercial:* empresário: sociedade empresária: títulos de crédito. 4. ed. São Paulo: Atlas, 2002.

FÉRES, Marcelo Andrade. Empresa e empresário: do Código Civil italiano ao novo Código Civil brasileiro. In: RODRIGUES, Frederico Viana (Coord.). *Direito de empresa no novo Código Civil*. Rio de Janeiro: Forense, 2004.

FERREIRA, Waldemar Martins. *Instituições de direito comercial:* o estabelecimento comercial. 3. ed. Rio de Janeiro: Freitas de Bastos, 1952. v. 2.

________. *Tratado de direito mercantil brasileiro*: parte geral. São Paulo: São Paulo Editora, 1934. v. 1.

FERREIRA, Waldemar Martins. *Tratado de direito mercantil brasileiro*: o comerciante. Rio de Janeiro: Freitas de Bastos, 1939. v. 2.

FIUZA, Ricardo. Justificação ao Projeto de Lei 7.160/2002. *Intelligentia juridica*. 2002. Disponível em: <http://www.intelligentiajuridica.com.br/old/set2002/especial.html>. Acesso em: 8 dez. 2004.

FORGIONI, Paula A. *Os fundamentos do antitruste*. São Paulo: RT, 1998.

________. *Os fundamentos do antitruste*. 2. ed. rev. e atual. São Paulo: RT, 2005.

FONSECA, João Bosco Leopoldino da. *Direito econômico*. 4. ed. Rio de Janeiro: Forense, 2002.

FONSECA, José Júlio Borges da. *Direito antitruste e regime das concentrações empresariais*. São Paulo: Atlas, 1997.

FRANCESCHINI, José Inácio Gonzaga. *Introdução ao direito da concorrência.* São Paulo: Malheiros, 1996.

________. *Jurisprudência do CADE: 1962-2003.* São Paulo: Singular. 1 CD-ROM.

________. *Lei da concorrência conforme interpretada pelo CADE.* São Paulo: Singular, 1998.

FRANÇA, Limongi (Coord.). *Enciclopédia Saraiva do direito.* São Paulo: Saraiva, 1977. v. 6.

FURTADO, Jorge Pinto. *Os centros comerciais e o seu regime jurídico.* 2. ed. rev. e atual. Coimbra: Almedina, 1998.

GARCIA, Flúvio Cardinelle Oliveira. Da validade jurídica dos contratos eletrônicos. *Jus Navigandi*, Teresina, ano 8, n. 264, 28 mar. 2004. Disponível em: <http://www1.jus.com.br/doutrina/texto.asp?id=4992>. Acesso em: 10 fev. 2005.

GHIRON, Mario. *Panorama do direito comercial.* São Paulo: Saraiva, 1947.

GIFIS, Steven H. *Dictionary of legal terms*: a simplified guide to the language of law. 3. ed. New York: Barron´s, 1998.

GRAU, Eros Roberto. *A ordem econômica na Constituição de 1998.* 6. ed. São Paulo: Malheiros, 2001.

GRAU, Eros Roberto; FORGIONI, Paula. *O estado, a empresa e o contrato.* São Paulo: Malheiros, 2005.

GUERRA FILHO, Willis Santiago. *O princípio da proporcionalidade em direito constitucional e em direito privado no Brasil.* Disponível em: <http://www.mundojuridico.adv.br/html/artigos/documentos/texto347.htm>. Acesso em: 20 dez. 2004.

HENTZ, Luiz Antonio Soares. *A teoria da empresa no novo direito de empresa.* Disponível em: <http://www.mundojuridico.adv.br/documentos/artigos/texto595.doc>. Acesso em: 26 jan. 2005.

HOUAISS, Antonio; VILLAR; Mauro de Salles. *Dicionário Houaiss da língua portuguesa.* Rio de Janeiro: Objetiva, 2004, 1.a reimpressão com alterações em 2004.

ITÁLIA. *Il codice civile:* libro quinto: del lavoro, 1942. Disponível em: <http://www.jus.unitn.it/cardozo/Obter_Dictum/codciv/Lib5.htm>. Acesso em: 05 out. 2004.

LEÃES, Luiz Gastão Paes de Barros. Convenção impediente de novo estabelecimento. *Revista de Direito Mercantil,* São Paulo, ano XXXVI, abr.-jun. 1998.

LEITE, Geraldo Magela. *A freguesia:* aspectos jurídicos. 1975. Dissertação de Mestrado. Faculdade de Direito da Universidade de São Paulo. São Paulo, 1975. Inédita.

________. *O estabelecimento comercial como objeto de negócio jurídico*. 1982. Tese de Doutorado. Faculdade de Direito da Universidade de São Paulo. São Paulo, 1982. Inédita.

LESSA, Pedro. Debate e julgamento no Supremo Tribunal Federal de Apelação Cível n. 2183. Sessão de 12 de agosto de 1914. In: BARBOSA, Rui. *Obras completas*. Rio de Janeiro: Ministério da Educação e Saúde, v. XL, t. 1, 1948, p. 355-369. As cessões de clientela e a interdição de concorrência nas alienações de estabelecimentos comerciais e industriais.

MAGALHÃES, Barbosa de. Do estabelecimento comercial: estudo de direito privado. Lisboa: Ática, 1951.Coleção Jurídica Portuguesa.

MAGALHÃES, Carlos Francisco de. Cláusula de não restabelecimento e vedação de concorrência. *Revista de Direito Público*, São Paulo, ano XIV, n. 59-60, p. 329-338, jul.-dez. 1981.

MAMEDE, Gladston. *Direito empresarial brasileiro:* empresa e atuação empresarial. São Paulo: Atlas, 2004.v. 1.

MANCUSO, Rodolfo de Camargo. *Interesses difusos*: conceito e legitimação para agir. 5. ed. rev. e atual. São Paulo: RT, 2000.

MARTINS-COSTA, Judith. *A boa-fé no direito privado*: sistema e tópica no processo obrigacional. 1. ed. 2. tir. São Paulo: RT, 2000.

MAXIMILIANO, Carlos. *Hermenêutica e aplicação do direito*. 19. ed. Rio de Janeiro: Forense, 2005.

MELO, Renata Homem de; GOTTHILF, Daniela. *Não-concorrência na transferência de estabelecimento empresarial*. Disponível em: <http://www.socitario.com.br/ felsberg/pontocomercial.html>. Acesso em: 25 maio 2004.

MENDONÇA, José Xavier Carvalho de. Das coisas do direito comercial: do estabelecimento comercial: das mercadorias: da propriedade industrial. In Id. *Tratado de direito comercial brasileiro*. 5. ed. atual. por Achilles Bevilaqua e Roberto Carvalho de Mendonça. Rio de Janeiro: Freitas Bastos, 1955. v. V, livro III, parte I.

________. Das obrigações, dos contratos e da prescrição em matéria comercial: das obrigações em matéria comercial. In Id. *Tratado de direito domercial brasileiro*. 5. ed. atual. por Achilles Bevilaqua e Roberto Carvalho de Mendonça. Rio de Janeiro: Freitas Bastos, 1956. v. VI, livro IV, parte II.

________. Dos comerciantes e seus auxiliares: das sociedades comerciais. In: Id. *Tratado de direito comercial brasileiro*. 5. ed. atual. por Achilles Bevilaqua e Roberto Carvalho de Mendonça. Rio de Janeiro: Freitas Bastos, 1954. v. III, livro II, parte III.

________. *Tratado de direito comercial brasileiro*. Atualizado por Ricardo Rodrigues Gama. Campinas: Russell, 2003a. v. III, t. I.

________. *Tratado de direito comercial brasileiro*. Atualizado por Ricardo Rodrigues Gama. Campinas: Russell, 2003b. v. IV, t. I.

MENDONÇA, Manoel Ignácio Carvalho de. *Contractos no direito civil brasileiro*. 2. ed. atual. por Achilles Bevilaqua. Rio de Janeiro: Freitas Bastos, 1938. t. I.

MIGUEL, Paula Castello. *O estabelecimento empresarial e sua alienação*. 1988. Dissertação de Mestrado. Pontifícia Universidade Católica de São Paulo. São Paulo, 1998. Inédita.

MIRANDA, Pontes de. Direito das coisas: propriedade mobiliária (bens corpóreos). *Tratado de direito privado*. Atualizado por Vilson Rodrigues Alves. São Paulo: Bookseller, 2001. t. XV.

________. Direito das coisas: propriedade mobiliária (bens incorpóreos): propriedade industrial (sinais distintivos). *Tratado de direito privado*. Atualizado por Vilson Rodrigues Alves. São Paulo: Bookseller, 2002a. t. XVII.

________. Direito das coisas: usufruto: uso habitação: renda sobre imóvel. *Tratado de direito privado*. Atualizado por Vilson Rodrigues Alves. São Paulo: Bookseller, 2002b. t. XIX.

MORAES, Maria Antonieta Lynch de. *Notas sobre o tratamento do estabelecimento comercial no novo Código Civil*. Disponível em:<http://www.esmape.com.br/revista/ maria_antoniera_rev15.htm>. Acesso em: 30 jul. 2004.

________. O trespasse: a alienação do estabelecimento empresarial e a cláusula de não restabelecimento. *Revista dos Tribunais*, São Paulo, ano 90, v. 792, p. 116-128, out. 2001. Terceira seção.

MORATO, Francisco. Prefácio. In: BARBOSA, Rui. *Obras completas*. Rio de Janeiro: Ministério da Educação e Saúde, 1948.

MOTA, Maurício Jorge. A pós-eficácia das obrigações. In: TEPEDINO, Gustavo (Coord.). *Problemas de direito constitucional*. Rio de Janeiro: Renovar, 2001.

NASCIMENTO, Ruy Coutinho do. Depoimento introdutório. In: OLIVEIRA, Gesner; RODAS, João Grandino. *Direito e economia da concorrência*. Rio de Janeiro: Renovar, 2004.

OLIVEIRA, Gesner; RODAS, João Grandino. *Direito e economia da concorrência*. Rio de Janeiro: Renovar, 2004.

PAES, Paulo Roberto Tavares. Alienação de estabelecimento. In: *Enciclopédia Saraiva do direito*. São Paulo: Saraiva, 1978. v. 1-9.

________. *Da concorrência do alienante do estabelecimento comercial*. São Paulo: Saraiva, 1980.

PARANÁ. Tribunal de Justiça. Apelação Cível n. 139.596-8, da Comarca de Mandaguaçu. Apelantes: Cotrilu Comércio e Representação de Produtos Agropecuários Ltda. e outros. Apelada: Cocamar Cooperativa de Cafeicultores e Agropecuaristas de Maringá Ltda. Relator: Desembargador Dilmar Kessler, Curitiba, 27 de agosto de 2003. Disponível em: <http://www.tj.pr.gov.br/consultas/judwin/ListaTextoAcordao2.asp?Codigo=1395968>. Acesso em: 5 ago 2004.

PEREIRA, Daniel; MAZZA, Mariana. Cade quer limitar entrada de processos. *Gazeta Mercantil*, p. A7, 20 jan. 2005. Defesa da Concorrência.

PERLINGIERI, Pietro (Org.). *Codice Civile annotato con la dottrina e la giurisprudenza:* libro quinto: del lavoro: artt. 2060-2642. [Bologna]: Edizioni Scientifiche Italiane/Zanichelli, s/d. Dell'azienda, artt. 2557, p. 658-660.

POPP, Carlyle; ABDALA, Edson Vieira. *Comentários à nova lei antitruste.* 2. ed. Curitiba: Juruá, 1997.

PORTUGAL. *Decreto-lei n. 47.344,* de 25 de novembro de 1966. Institui o Código Civil, actualizado até Decreto-lei 323/01. Disponível em: <http://www.verbojuridico. net/download/codcivil.zip>. Acesso em: 12 dez. 2004.

PROCTER COMPRA GILLETTE por US$ 57 milhões, *Folha de S. Paulo,* São Paulo, p. B10, 29 jan. 2005. Caderno Dinheiro.

QUEIROZ, Regis Magalhães de Soares de. *Vedação da concorrência do trespassante do estabelecimento empresarial:* seus limites e sua aplicação no espaço real e virtual. 2000. Dissertação de Mestrado. Faculdade de de Direito da Universidade de São Paulo. São Paulo, Inédita.

REQUIÃO, Rubens. *Curso de direito comercial.* 21. ed. São Paulo: Saraiva, 1993.

REVISTA de Direito da Concorrência: edição especial: retrospectiva, 2003.

RIPERT, Georges. *Aspectos jurídicos do capitalismo moderno.* Tradução Gilda G. de Azevedo. Rio de Janeiro: Freitas de Bastos, 1947.

RODAS, João Grandino; OLIVEIRA, Gesne. *Direito e economia da concorrência.* Rio de Janeiro: Renovar, 2004.

RODRIGUES, Lorenna. Decisões do Cade param no Judiciário. *Gazeta Mercantil.* p. A10, 23 maio 2006. Direito Econômico.

SALGADO, Lucia Helena. Aspectos econômicos na análise de atos de concentração. *Revista do IBRAC,* São Paulo, v. 4, n. 1, jan. 1997.

SANTANA, Carlos Alberto Caboz. *O abuso da posição dominante no direito da concorrência.* Lisboa: Cosmos, 1993.

SÃO PAULO (Estado). Tribunal de Justiça. Agravo de instrumento n. 277.006.4/9-00. Agravante: Silvana Regina Mirisola Soda. Agravado: Vero Verdi Comércio e Paisagismo Ltda. Relator: Desembargador Sebastião Amorim. Cotia, 6 fev. 2003. Disponível em: <http://www.tj.sp.gov.br/pesquisa/2instancia/ExibirPesquisaNumero processo.asp?nproc=...>. Acesso em: 18 ago 2004

SÃO PAULO (Estado). Tribunal de Justiça. Apelação Cível n. 129.397.4/6-00. Apelante: Ágape Distribuidora de Extintores Ltda. Apelada: Dois M Comércio de Extintores Ltda ME. Relator: Desembargador Ruiter Oliva, São Paulo, 3 set. 2002. Disponível em: <www.tj.sp.gov.br/pesquisas/2ainstancia/ExibirPesquisaNumero Processo.asp?nproc=...>. Acesso em: 18 ago. 2004.

SILVA, Américo Luís Martins da. *Introdução ao direito econômico.* Rio de Janeiro: Forense, 2002.

SILVA, De Plácido e. *Vocabulário jurídico*. Atualização Nagib Slaibi Filho e Gláucia Carvalho. Rio de Janeiro: Forense, 2003.

SILVA, José Afonso da Silva. *Curso de direito constitucional positivo*. 19. ed. rev. e atual. São Paulo: Malheiros, 2001.

SILVEIRA, Claúdia Maria Toledo. *Cidadania*: instrumentos de viabilização do equilíbrio sócio-econômico-constitucional. Disponível em: <http://www1.jus.com. Br/doutrina/texto.asp?id=81>. Acesso em: 20 jan. 2005.

SOUSA, António Pais de. *Anotações ao regime do arrendamento urbano (R.A.U)*. 6. ed. Lisboa: Rei dos Livros, 2001.

SOUZA, Ruy de. *O direito das empresas*. Belo Horizonte: Bernardo Álvares, 1959.

VENÂNCIO FILHO, Alberto. *A intervenção do estado no domínio econômico:* o direito público econômico no Brasil. Rio de Janeiro: Renovar, 1998. Ed. Fac-sim. 1968.

VIANA, Marco Aurélio da Silva. Dos direitos reais: artigos 1.225 a 1.510. In: TEIXEIRA, Sálvio de Figueiredo (Coord.). *Comentários ao novo Código Civil*. Rio de Janeiro: Forense, 2003. v. 16.

Este livro foi composto na fonte Minion, em corpo 12
e impresso em Off-Set 75g/m².

Projeto gráfico e editoração eletrônica:
Microart – Com. Editoração Eletrônica Ltda.

Impressão e acabamento:
Prol Editora Gráfica Ltda.